Las claves del espiritismo

Alain Dufour

LAS CLAVES
DEL ESPIRITISMO

dve
PUBLISHING

Traducción de Parangona, Realització Editorial, S. L.

Diseño gráfico de la cubierta de Yes.

© Editorial De Vecchi, S. A. 2018
© [2018] Confidential Concepts International Ltd., Ireland
Subsidiary company of Confidential Concepts Inc, USA
ISBN: 978-1-64461-008-4

Introducción

No hacemos más que traspasar: a otras vidas, a otros nacimientos; quizá varias veces, pero sin llegar a morir completamente. Nos gustan los cambios de identidad espiritual o corporal. Pero el camino no acaba nunca: la muerte es tan sólo un cambio más.

Para el común de los mortales, el espíritu es un principio que eleva el pensamiento, estimula la voluntad y marca una diferencia entre la inteligencia y el talento, entre el hambre y la avaricia. Por otra parte, el cuerpo también es el envoltorio que utilizan los espíritus para habitar el mundo material. El «periespíritu» es como un estuche que sirve de vínculo entre el espíritu y el cuerpo.

En el momento de morir, cuando el espíritu abandona el cuerpo, puede utilizar el aspecto físico de su «periespíritu» o, cuando este desaparece, el de otra persona sensitiva y vigorosa que irradia energía con intensidad.

En el lenguaje corriente se utilizan indistintamente los términos alma y espíritu, pero la diferencia se ha definido claramente en casi todas las religiones y, sobre todo, en la doctrina del espiritismo. El alma es una parte individualizada del alma universal, el yo intangible, mientras que el espíritu es el alma relacionada con el «periespíritu», esa forma de energía imperceptible.

Cuando el espíritu se reencarna, no se refugia sólo en una parte del cuerpo, sino que lo ocupa en su totalidad y lo hace más fuerte. Después de la muerte, el espíritu guarda su individualidad, es decir la inteligencia y la voluntad que le son propias y que lo hacen diferente de los demás espíritus. No será lo mismo cuando haya conseguido su objetivo: volver al alma universal de la que se ha separado, como las gotas de agua se separan del mar.

Las manifestaciones debidas al espiritismo son la mejor prueba, en todos los sentidos de la palabra, de la existencia del espíritu: sobrevive en el más allá, con todas las facultades mentales y emocionales que tenía antes. El ingenio, la inteligencia, no termina con la muerte, pero se renueva durante otro nacimiento: tras la muerte, el espíritu vuelve al alma universal, con un grado de perfección que le permite fundirse en el fuego del espíritu, origen y fin de todas las cosas. Algunos espíritus encarnados desean conocer la realidad intangible que nos espera y en la cual el espíritu ha vivido durante mucho tiempo, pero tenemos que exponer algunas verdades para mostrar qué es lo que no se debe esperar del espiritismo.

LO QUE EL ESPIRITISMO NO ES

Altares o imágenes de cualquier tipo, ritos de iniciación, tomas de posición en favor o en contra de las religiones, amuletos de carácter invocatorio, magia negra o manipulación de entidades espirituales, drogas hipnóticas u otras ofrendas, ceremonias o prácticas rituales, asociaciones de personas, sectas, ropas o uniformes especiales, oraciones invocatorias, talismanes, grisgrís, oraciones, juicios de cualquier tipo, tarot, signos del zodiaco o cualquier otro medio de adivinar el futuro, predicción del futuro, pagos u honorarios por los servicios prestados, exvotos, velas, incienso, desfiles y procesiones, cantos y danzas, exorcismos, portentos de todo tipo.

Nociones sobre los espíritus

Orígenes de los espíritus

Al principio, el espíritu fue atributo exclusivo de Dios; después, lo fue de las divinidades creadas por Él: la Biblia las llama *Elohim*, palabra que en hebreo significa precisamente «dioses».

En su encarnación humana, el espíritu no posee carácter divino, como pretendían los maniqueos. No es tampoco una entidad abstracta, sino concreta.

La Biblia pone en relación el espíritu y el cuerpo con la comparación de la sangre y del aliento. Considera el espíritu como el aliento que Dios ha utilizado para crear al ser humano y el término espíritu, o alma (*nefesh*), aparece setecientas cincuenta veces en el Antiguo Testamento. Pero la alusión más indirecta es la siguiente: «Entonces Yahvé Dios formó al hombre del polvo de la tierra, le insufló en sus narices el hálito de vida y así llegó a ser el hombre un ser viviente» (Génesis 2,7).

Los teólogos se han planteado muchas preguntas sobre el aliento divino, y actualmente, después de muchas investigaciones, creen que el aliento divino ha sido el punto de partida del ser humano como criatura inteligente. Situar ese momento, en el que la vida ha surgido de las aguas mezcladas con la tierra, como el punto de partida de la vida humana es exagerado. Todo parece indicar que el paso del homínido a la categoría de hombre se sitúa varios miles de años después de este relato bíblico, que explica el nacimiento de Adán y el de las demás criaturas nacidas sobre la tierra.

El aliento divino ha dado una «chispa» o un impulso al homínido, al otorgar a su cerebro una facultad de discernimiento superior: esto se confirma por el sentido de la palabra «aliento», —en hebreo *rûah* o *nefes*–, que se utiliza en Génesis 2,7 y que se traduce por «hálito» desde el siglo V a. de C. Antes, este término significaba: viento o soplo transmitidos por un ser vivo o por una divinidad potente; en este caso, no se trata sólo de una prueba de vida sino de una transmisión de algo que supera el concepto mismo de vida: el espíritu humano.

Un error frecuente es imaginar el espíritu, antes del nacimiento del cuerpo que deberá habitar, en un estado de felicidad celestial, como creyó Orígenes, Padre de la Iglesia de origen griego (185-224) y representante de la gnosis llamada ortodoxa. Orígenes propuso un sistema completo del cristianismo en el que integraba las teorías neoplatónicas; tanto él como sus discípulos creían que el espíritu era expulsado del cielo al mundo material tras haber cometido una falta: era castigado a estar encerrado en un cuerpo mortal y perecedero.

El espiritismo procura no implicarse en asuntos religiosos. Sin embargo, hay que subrayar que el concepto celestial alude a lo que el espiritismo moderno denomina cuarta dimensión.

NACIMIENTO DEL ESPÍRITU

El espíritu no aparece en el momento de la concepción. Según los iniciados, es un auténtico alter ego, un segundo cuerpo llamado también cuerpo energético: se enciende y empieza a brillar en el mismo instante en que cada persona se separa del aura maternal para convertirse en una entidad única en el cosmos. Es, pues, «otro yo».

Pero ¿cómo se transforma esta energía en espíritu? Esta energía «bioplásmica» del recién nacido se completa y se pone en marcha cuando recibe el signo de los efluvios astrales que están en el aire y convergen hacia él, y le transmiten los rasgos determinados por los astros para su cuerpo, su espíritu y su destino.

Esta es la razón de que el espíritu conserve, después de la muerte, la misma personalidad que el signo astral ha dado a su cuerpo: por consiguiente, no será más sensato ni tampoco más equilibrado.

En resumen, el espíritu humano no es ni bueno ni malo en sí mismo, sino que puede verse influido por el bien o el mal en función de la fuerza o de la debilidad que los astros concedan al espíritu, en un sentido o en otro.

En consecuencia, hay varios tipos de espíritus, como veremos más adelante, pero hay que hacer una distinción radical entre los espíritus superiores —o no encarnados—, los puros y los impuros.

Se ha establecido una nomenclatura básica, que presenta la ventaja de ofrecer los dos extremos además de algunos estadios intermedios, que son los siguientes:

— primera categoría: espíritus puros;
— segunda categoría: espíritus superiores;
— tercera categoría: espíritus prudentes;
— cuarta categoría: espíritus sensatos;
— quinta categoría: espíritus benévolos;
— sexta categoría: espíritus neutros;
— séptima categoría: espíritus falaces;
— octava categoría: espíritus ligeros;
— novena categoría: espíritus impuros.

Orígenes de la práctica del espiritismo

La práctica del espiritismo se confunde con la magia negra desde el principio de los tiempos, cuando, sin duda alguna, el hombre utilizaba indistintamente sus facultades mentales (ayudado por sus cinco sentidos) y parapsicológicas. De hecho, el hombre usaba la telepatía, un tipo de comunicación entre vivos y entre muertos, para entrar en contacto con sus semejantes, antes de utilizar el lenguaje. También la usaba para detectar las piezas de caza y los eventuales peligros.

Contamos con testimonios que muestran que el hombre prehistórico recibía la ayuda de los espíritus superiores. Esta ayuda fue tan importante que la especie probablemente no habría sobrevivido sin ella.

De hecho, algún día la humanidad deberá reflexionar y acabar por reconocer que debe tanto a la dimensión espiritual como a la propia Tierra.

Esto será así porque la humanidad surge del ámbito espiritual, avanza hacia lo espiritual y recibe del espíritu todo lo que necesita para desarrollarse completamente.

Toda manifestación sobrenatural implica un despliegue de energía, muy a menudo de tipo bioplásmico, pero también de tipo magnético, y en esa época, por lo que sabemos del hombre prehistórico, había una auténtica masa de esta energía. Se parece a la que conocen en mayor o menor grado algunos pueblos «primitivos» (es decir, los pueblos que conservan una cultura llamada primitiva): estos pueblos creen que hay una especie de alma en los animales, las plantas, los objetos, los elementos y los astros. Ellos saben que procedemos de un alma universal. Hay que destacar que, muy a menudo, los pueblos que parecen los menos cultivados poseen un grado de madurez sorprendente en el ámbito espiritual.

Todos los pueblos de la tierra conocen la existencia de estos espíritus, incluso los que tenían menos contacto con el resto del mundo y que no tenían la más mínima posibilidad de comunicarse entre ellos o con otros pueblos, si no es gracias a los espíritus superiores. Pero a estos espíritus nunca les ha gustado el contacto con los pueblos en su conjunto: prefieren dirigirse a etnias o razas, y guiarlas e instruirlas por separado. Estas enseñanzas incluyen evidentemente informaciones relativas a la inmortalidad de los espíritus y la manera de invocarlos, en caso de necesidad, por ejemplo para curar a los enfermos. Para ello, se necesitaba a alguien que pudiera soportar un estado de consciencia agudo en el transcurso de una actividad paranormal o mística: la percepción es, en ese estado, muy elevada y en el límite de lo soportable para una persona no preparada. Por eso, en estos pueblos, había un hombre o una mujer con poderes importantes que jugaba el papel de médico, brujo, chamán, consejero, guía espiritual, jefe carismático.

Para alcanzar la sublimación de la consciencia o el estado de trance necesario para la manifestación espiritista, el brujo, el curandero o el chamán practica el ayuno, se mantiene en estado de vigilia, hace ejercicios respiratorios, canturrea, baila al ritmo de una música repetitiva e irregular: quizá toca un instrumento de viento o de percusión, salmodia, masca o fuma plantas que facilitan la llegada del espíritu.

Cuando la divinidad llega, su presencia se reconoce rápidamente porque el cuerpo se sacude, el rostro de aquel que la invoca se deforma. En general, el que invoca escupe saliva hasta que se establece un comienzo de comunicación más o menos clara.

Normalmente, los pueblos llamados primitivos han creído siempre de manera absoluta que el universo está habitado por miles de espíritus de todo tipo, como afirmaba Isaac Asimov.

Estos espíritus son capaces de implicarse en las actividades humanas y, en algunos casos, de apoderarse de un cuerpo humano y disputárselo al espíritu que lo habita, aunque sólo sea por poco tiempo.

Los espíritus malignos siempre se han manifestado y los hombres de todos los tiempos han aprendido a temerlos. Los judíos, pese a la severa creencia monoteísta, siempre han tenido consciencia de la existencia de los espíritus malignos capaces de apoderarse de un cuerpo vivo al expulsar al espíritu que contenía antes. Sobre este tema se puede consultar el capítulo I del Libro de Tobías en la Biblia.

El judaísmo siempre ha reconocido la existencia de espíritus celestiales, aunque no les otorga la capacidad de actuar por su propia cuenta, sino sólo en tanto que mensajeros de Dios.

Los pueblos descritos en la Biblia seguramente practicaban una forma de espiritismo más frecuente y con más interés que aquellos que hoy impulsan el uso de estas prácticas. De ahí proceden las prohibiciones, como la de Levítico 19:31, que indica: «No consultaréis a los nigromantes ni recurriréis a los adivinos [...]».

Siempre ha habido adivinos y hechiceros de todo tipo desde la noche de los tiempos: los adivinos seguramente eran magos que habían recibido cierta formación y tenían los conocimientos necesarios para dominar la presencia y la acción de algunos espíritus, someterlos e incluso esclavizarlos. De hecho, era frecuente entre algunas familias poseer un espíritu doméstico, de donde procedería la palabra siervo, que se relaciona con el término latino *famulus*.

Un espíritu familiar (*famulus*) actuaba como el sirviente de otro espíritu encarnado, es decir, de un ser humano, hombre o mujer, que le invocaba de manera especial. Un espíritu *famulus* al servicio de la sacerdotisa de Endor entra en contacto con Saúl tras franquear las líneas enemigas gracias a un disfraz que llevaba. La ciudad de Endor se encuentra a más de tres kilómetros de Sunam: estas dos ciudades poseen profundas tradiciones que revelan la existencia de prácticas paranormales.

Lo esencial es ver que la Biblia nunca afirma que los espíritus invocados no existen. Tampoco niega que los adivinos y las brujas pudieran predecir el futuro con la ayuda de los espíritus. Las objeciones que aporta la Biblia son de orden religioso: lo que reprocha a estas prácticas es su naturaleza idólatra. Los condena con severidad a causa de eso, como demuestra uno de los versículos que ha tenido consecuencias bastante sangrientas a través de los siglos, el de Éxodo 22:17 que dice: «No dejarás con vida a la hechicera».

No se puede decir, en el sentido actual del término, que el espiritismo haya hecho muchos progresos. Recordemos que los egipcios distinguían, en el año 3000 a. de C., las diversas manifestaciones del espíritu, que llamaban *Du* o «aliento» (por otra parte, la mayoría de los pueblos utilizaba esta terminología), mientras que permanecía unido al cuerpo; llamaban *Ka* al aura magnética; a continuación, tras la muerte, el espíritu desencarnado era *Sa* y conservaba la personalidad y los rasgos generales de *Du*; así, algunos espíritus desempeñaban las funciones del sacerdocio porque habían sido sacerdotes en vida, mientras que un guerrero conservaba esta personalidad y rasgos tras la muerte.

También sabían que el espíritu está definitivamente integrado en el cuerpo desde que la cabeza del niño sale del vientre de la madre. Así, antes de irradiar sus propias fuerzas, absorbe aquellas en las cuales está sumergido, es decir, las del cosmos, que le cubren en una fracción de segundo. Este proceso es importante, sobre todo en el ámbito psicológico, porque a veces engendra las facultades que más adelante pertenecerán al ámbito de la parapsicología.

Pero las personas que han nacido en la misma fecha no son necesariamente idénticas. Un paisaje impresiona la vista y el espíritu de manera diferente según el momento y el punto de vista que se adopte: así, la asimilación de la energía universal es diferente según el instante y el lugar en que se encuentra el ser que viene al mundo. Esta diferencia subsistirá después, cuando el ser habrá desaparecido de la tierra, tras su muerte.

Es por eso que la primera asimilación de la energía universal, llamada astral por los astrólogos, es la primera función de todo ser que nace y que posee un carácter único y diferente: se la podrá reconocer en cada uno y en todos sus actos a lo largo de su existencia e incluso después, en tanto que el espíritu no se vuelva a reencarnar.

De hecho, como reveló un eminente astrólogo, esta energía «se absorbe antes que la primera gota de leche, antes que el primer soplo de aire».

La glándula pineal sería el órgano receptor de la influencia magnética universal, más conocida con el nombre de energía astral. Esta energía actúa como un reloj que rige el cuerpo para ajustar sus reacciones a las diversas influencias llegadas del espacio. La melatonina sería la hormona de su puesta en marcha y de su funcionamiento.

La comparación del espíritu con el aliento

Esta comparación es pertinente porque es precisamente el origen y la forma que le atribuyen las escrituras sagradas de la mayoría de las religiones. Pero la distancia y la diversidad de las culturas confirman que la inmortalidad, o por lo menos la inteligencia humana, viene del aliento o del hálito de Dios, que también insufló el espíritu a la especie.

Los antiguos chinos lo llamaban *Chii*, que significa aliento, o a veces *Ming*, que quiere decir luz. Del mismo modo, otorgaban a la palabra *Po* el mismo sentido que los egipcios al término *Du*, es decir, el aliento.

En el México prehispánico, en la gran ciudad de Tenochtitlán, el rey poeta Nezahualcóyotl mandó erigir un templo para el «dios sin nombre y sin imagen cuyo hálito ha dado nacimiento a todos los espíritus vivos, del cielo y de la tierra».

En la Antigüedad, los japoneses llamaban *Ki* a la misma potencia y, todavía hoy en día, los que practican las diferentes artes marciales lo utilizan de manera admirable; luchan mediante sus facultades físicas pero también con las espirituales. Recordemos también que, en el gran santuario nacional de Ise hay un templo dedicado al espíritu austero.

En el siglo VIII d. de C., la secta esotérica Shingon comienza sus famosas prácticas de médium: para realizar estas prácticas el chamán usaba una vara llamada *gohei* que pertenecía claramente al signo de Mercurio.

Mercurio es el dios de la mitología romana que está más relacionado con el espíritu, pues simboliza el aire o el viento que es precisamente uno de los elementos del signo de los gemelos o Géminis.

La función de Mercurio en la afirmación del espíritu es decisiva. La figura de este dios representa una enorme acumulación de conocimientos ocultos que equivalen a la totalidad de las posibilidades humanas en la cuarta dimensión. Esta cuarta dimensión, o dimensión inmaterial, es el lugar al que Mercurio conduce el alma de los que mueren o simplemente sueñan. Hay que añadir que el sueño posee una importancia que la ciencia no ha valorado lo suficiente. Mercurio también es Hermes, gran señor de la hipnosis de la mitología griega: posee una vara hipnótica que, con las dos serpientes, forma el célebre caduceo. Con su vara, provoca el trance en los seres humanos y les hace soñar, sentir, vivir en la imaginación. La mitología, especie de reflejo del mundo oculto, lo muestra como alguien que incita a beber para que los hombres alcancen la embriaguez, que es otra forma de sueño. Se le ve como sirviente de los dioses del Olimpo. Se le atribuye la invención de la música y, muy especialmente, de la música más refinada y elaborada; favorece también las creaciones intelectuales. Además, es el guía de los dioses en sus viajes de reconocimiento, sobre todo multidimensionales, a los infiernos.

Mercurio no representa una fuerza devastadora, sino algo más sorprendente y que concuerda más con la realidad: se trata de la debilidad invencible, de lo contrario de la materia, del poder de aquello que es aéreo sobre la materia. Como es un gran maestro de la inteligencia, lleva unas alas en la cabeza. En esta obra, veremos a Mercurio en compañía de otras divinidades que tienen poderes astrales favorables al desarrollo del espíritu y de la inteligencia.

Los griegos también conocían el espiritismo, pero lo consideraban como una herencia esencial, legada por las grandes civilizaciones de la Antigüedad, como la de Sumeria. También experimentaban algunas manifestaciones del espíritu, ya que a menudo seres desencarnados permanecían en la tierra, suspendidos sobre las casas: había muchos métodos para obligarles a continuar su camino y liberar a los seres humanos de su influjo.

En la Grecia antigua, la costumbre aconsejaba untar la puerta con una mezcla de pescado, que se creía que rechazaba a los espíritus (o *keres*).

La interacción con un espíritu

Los espíritus se manifiestan de dos maneras: por invocación o espontáneamente.

Se les puede invocar verbalmente o por escrito y obtener informaciones sobre su situación en el más allá.

El espiritismo se apoya, pues, en la metempsicosis, es decir, en la creencia de la existencia del alma y de sus migraciones: todos los espíritus, como los hombres, no tienen la misma edad. De hecho, todos los espíritus no se han separado al mismo tiempo del alma universal para tomar una forma individual y corporal; se les puede comparar con las gotas de agua de una nube o de un lago, cuyo tamaño y temperatura varían en función de las condiciones atmosféricas. Pero, después, cuando vuelven al mar, desaparecen sin que dejen de existir: sin embargo, cuando están en el mar, no se las puede distinguir ni separar para hacer aparecer la gota de agua inicial. Pretender lo contrario sería un terrible engaño, puesto que no se podría encontrar esa primera gota de agua.

Todos los iniciados han designado la luz como el objetivo final del espíritu. Frente a la imposibilidad de mostrar a la gente todos los mecanismos que ac-túan en las vías espirituales, se les ha designado figuras simbólicas que servirán para transmitir el conocimiento a los nuevos iniciados de generación en generación. Por ejemplo, se ha designado al Sol como divinidad máxima, pero este astro sólo es una metáfora de Dios.

Todo en el universo es de forma ovoide. Todo viene, en cierto modo, del huevo (el zodiaco designa la puerta de Cáncer como la puerta de entrada, y la de Escorpión como la de salida o puerta de la muerte). Y todo lo que empieza en un punto, debe acabar su camino en ese punto.

El inigualable Einstein, mientras intentaba explicar algunos aspectos de su teoría de la relatividad, eligió un ejemplo que, curiosamente, ilustra también esta realidad de la que hablan los magos desde las antiguas civilizaciones de Sumeria. El científico decía que, suponiendo que la vista de un hombre pudiera viajar, un hombre situado en un punto determinado del espacio y que proyectara su mirada hacia delante, hacia el infinito, acabaría por ver su propia nuca.

Así, el espíritu viaja y recorre un camino de forma ovoide. Sale de la puerta de Cáncer y acaba en la puerta de Escorpión, tras la cual se encuentran las tinieblas por las que deberá errar hasta su purificación. Entonces encontrará una luz potente como el entendimiento humano no puede imaginar. Ese será el principio y el final. No podemos ofrecer al lector una idea más exacta: ninguna persona viva podría. Luchamos para perforar esa realidad, como los grupos de iniciados que en el pasado han intentado unirse para explicar estos fenómenos.

Pero el conocimiento de los espíritus no es completo: sigue ha-biendo muchas zonas de sombra.

La propia civilización de Sumeria podría ser la más representativa y la más conocida de estas comunidades iniciáticas. En el caso que nos interesa, sólo hablamos de las comunidades que vivían en retiro y que han dejado huellas sólo para los iniciados. También es el caso del pueblo más antiguo de Europa, situado en la actual ciudad de Lepenski Vir, en Yugoslavia, en las Puertas de Hierro del Danubio. Sus casas eran realmente como huevos, con el techo y el suelo curvados: con ello se representaba el gran huevo cósmico, eterno, de donde procede, según sus creencias, toda vida sobre la tierra.

Entre los elementos de culto, como los altares y esculturas de piedra de gres amarillo, figuran elementos como el huevo, el agua y el pez. Se han encontrado muchos guijarros de color ocre, con extraños signos que en la mayoría de casos tienen forma de huevo: algunos presentan incluso la forma de un cráneo humano, lo cual ilustraría la función creadora de la inteligencia, pero sobre todo del espíritu, inmortal, prisionero en un caparazón que sólo se quitará tras la muerte.

Esta presencia del cráneo se vuelve a encontrar en los objetos decorativos de piedra que mueblan el interior de sus cabañas. También han dado forma de pez a estos huevos aunque conservando la forma oval, que recuerda el huevo cósmico de donde procede toda posibilidad de existencia en el universo. Los antiguos veían el zodiaco como un huevo, lo cual procede seguramente de la civilización de Sumeria.

El pez tenía para ellos una importancia vital. Tenían como una intuición de los descubrimientos que los científicos actuales han hecho al demostrar el origen acuático de la vida. El conjunto de las tradiciones iniciáticas reconoce al agua un poder enorme: el vínculo con los espíritus. La vida y el espíritu son engendrados por el agua, lo cual explica la naturaleza zodiacal de los tres signos de agua: Cáncer, Escorpión y Piscis (el signo de Piscis representa el conjunto de la vida sobrenatural). Los demás signos de aire, como Géminis (el aliento de la inteligencia), Acuario (el viento que da la inmortalidad) y la balanza o Libra (que transmite los dones de los signos de fuego: Aries, Leo y Sagitario) representan también el esfuerzo realizado sobre la tierra para acceder al mundo de los espíritus, de la inteligencia: los únicos espíritus que pueden alcanzar para siempre el cosmos son aquellos que se han purificado pasando por los doce signos del zodiaco.

Para acabar, el huevo representa, en pequeño, el universo. Rodea al ser humano como el cosmos rodea a los dioses que, a su vez, están rodeados por el Creador: como enseñan las Escrituras, no se puede ni ponerle nombre ni representar su imagen. Con todo, para que el espíritu surja del alma universal y pueda volver a ella, debe estar en un estado de pureza de manera que no manche la fuente de pureza absoluta.

Uno de los medios que utiliza para conseguirlo es el sufrimiento que fortifica, ennoblece y purifica el espíritu: por esta razón debe pasar por varias vidas, tener todos los signos del zodiaco y afrontar varias muertes antes de poder alcanzar el grado de pureza última.

¿Cómo definir el espíritu?

La naturaleza de un espíritu no se puede comprender de manera simple. ¿En qué momento nace una gota? ¿No sería mejor preguntarse en qué momento ha nacido el océano de donde procede esa gota? En este caso, no se puede decir nada sobre el origen de la eternidad sin caer en suposiciones sin fundamento real: algunos se han hundido en la locura al intentar resolver este enigma.

Si consideramos lo que nos enseñan los espíritus, la mayoría existía antes (y a menudo mucho antes) de su llegada a la tierra para habitar un cuerpo humano. Pero, de hecho, su edad y las circunstancias de su vida no se pueden calcular: los hay que son muy jóvenes y también los hay muy viejos. Un hombre y una mujer que tengan un espíritu joven pueden concebir un niño cuyo espíritu tenga siglos o milenios. Eso acabará, quizá, por saberse, porque el niño manifestará una habilidad y una inteligencia superiores: sabrá utilizar mejor la sabiduría en la cual nosotros vivimos inmersos (todos nosotros nadamos en ese conocimiento, pero no lo aprovechamos de la misma manera: hay peces que mueren de sed y otros que se dejan coger); ese niño pondrá en evidencia el abismo que le separa de sus padres, incluso si el amor que les une es muy fuerte. Hay que insistir en este punto, porque es de una importancia capital para el espiritismo: se ve a menudo que el espíritu de un niño es mucho más viejo que el de su abuelo que le da la mano. El espíritu del hombre anciano quizá sea un espíritu joven, mientras que el de su nieto puede muy bien haber encarnado el espíritu de un hombre prehistórico.

Dicho de otro modo, se puede comparar el espíritu con la anémona de mar que, como él, flota y se desplaza en su elemento acuático de un modo que parece irreal y determinado a la vez. En todo caso, la mejor comparación es la que lo relaciona con un animal marino, una planta acuática o también un animal que vuela: los aztecas utilizaban la imagen del colibrí, que acentúa la fragilidad primera del espíritu, que Dios ha concebido y otorgado a los seres humanos.

En consecuencia, cuando el espíritu ha vivido una vida en el mundo terrestre, reproduce espontáneamente la figura que ha encarnado durante años. Pasa de la forma de anémona a la forma humana y viceversa, y todo esto se produce de manera instantánea.

Un espíritu no se parece a otro espíritu; de hecho, no todos tienen el mismo carácter, ni las mismas cualidades y defectos, ya que todos deben perfeccionarse progresivamente para alcanzar un día el máximo de pureza: es el único medio para ellos de cerrar el círculo, de acabar el ciclo y acceder a la perfección, lo cual quiere decir fundirse con el Creador y se traduce por la expresión bíblica «sentarse al lado de Dios». También pueden transformarse en espíritus malignos, según el contexto de sus vidas sucesivas, y encontrarse al final en las tinieblas hacia las que se sienten irremediablemente atraídos.

Lo que acabamos de decir demuestra que la perfección, o purificación, no puede obtenerse en una sola vida, que es demasiado breve. Los espíritus ignoran cuántas veces van a volver a la tierra, tampoco conocen su propio estado de perfección y no saben si han avanzado o retrocedido con relación a su objetivo final. Sucede lo mismo con la mayoría de los hombres que, pese a algunas evidencias, nunca podrán definir exactamente su estado de perfección o sus determinadas cualidades y defectos morales. Así, el mendigo dirá que no ha tenido ninguna oportunidad y que por eso es pobre y los demás son ricos. El colmo de la ironía es que puede muy bien que tenga razón en este punto. Sin embargo, un hombre mal proporcionado siempre encontrará buenas razones para no atacar a un hombre musculoso y más fuerte que él. El vagabundo afirmará que tal científico es genial y brillante porque el destino le ha obligado a pasar su vida en una silla de ruedas. En resumen, tales aberraciones se encuentran también en el mundo de los espíritus.

Por eso, la espiritualidad también es un estado transitorio y perfectible. Los espíritus llevan una vida errante, ya que tienen varias existencias sucesivas; durante esas existencias, el alma sigue perfeccionándose y mejorando sus conocimientos, puede reconocer sus errores pasados y cumplir una misión que se le confíe para conservar la armonía universal de la creación.

Hay espíritus errantes en todos los niveles, excepto en el primero, que corresponde al estado de pureza absoluta. Los espíritus puros que ya no se reencarnan no son espíritus errantes: han conseguido la suprema beatitud.

Estas consideraciones, como la mayoría de los conocimientos que podemos adquirir sobre el destino de los espíritus después de la muerte, no son fruto de nuestra imaginación. Proceden del estudio de las comunicaciones recibidas del más allá y del análisis de los mensajes de los espíritus.

El espíritu siente el equivalente de las sensaciones físicas que ha recibido y conocido durante su existencia, mediante los cinco sentidos que, de hecho, son más de cinco y que la ciencia no siempre ha estudiado con el suficiente interés. Si la siguiente pregunta es saber por qué queremos conocer las facultades de los espíritus antes de conocer y explorar las facultades más elementales del cuerpo humano, la respuesta es que son estas entidades espirituales las que nos ayudan a lograr una mejor comprensión del cuerpo humano. Esto sucede muy a menudo y sería interesante redactar un informe, pero nos limitaremos a indicar la facultad que permite el contacto con los seres desencarnados y gracias a la cual podemos emitir, algunos más que otros, la sustancia bioplásmica que favorece las materializaciones de los espíritus.

LA SUSTANCIA BIOPLÁSMICA

Esta sustancia etérea es invisible pero capaz de materializarse, de hacerse visible a veces, cuando el espíritu se sirve de ella para manifestarse: así, los espíritus no son fruto de una imaginación desbordante, sino que son entidades reales, autónomas, capaces de pensar y de entrar en contacto con los seres vivos al servirse de objetos, cuando estos espíritus no deben proseguir su camino en el más allá o deben reencarnarse.

Esta sustancia no pertenece a la dimensión espiritual, aunque no podemos determinar exactamente de dónde procede. En resumen, toda manifestación material de los espíritus tiene como fuente el periespíritu del médium, que puede materializarse de varias maneras y adoptar consistencias diversas como la del ectoplasma. Este término fue acuñado por Richet para definir y establecer la existencia de esta sustancia que todo el mundo puede producir: algunos adolescentes o enfermos con trastornos psíquicos así como algunas personas con facultades parapsicológicas la emiten en gran cantidad. Los espíritus se alimentan de esta sustancia y la utilizan para manifestarse.

Al activar los elementos simples de la materia, gracias al fluido del periespíritu, los espíritus pueden engendrar muchos y variados fenómenos. Hay que recordar lo que hemos comentado sobre el periespíritu: es una forma de energía común a todos los seres humanos con sede en la glándula pineal. En realidad, sus manifestaciones son muchas, lo que le ha valido varias denominaciones:

— atmósfera humana (parapsicología de principios de siglo);
— efluvio (De Rochas);
— incentivo psíquico (Crawford);
— telepatía (William Crookes);
— *od* (Von Reichenach);
— poder nervioso irradiante (Blondot);
— radiobiología (Bechterev, 1916);
— rayos N (Killner, médico inglés);
— telergía (los investigadores en telequinesia);
— electromagnetismo (los investigadores de la NASA);
— campos de plasma (NASA, 1977).

Además, los magos de la Antigüedad le han dado muchos nombres y han aprendido a detectarla y a utilizarla en el culto y en los ritos mágicos.

La función del médium

Su intervención es necesaria para la manifestación incluso si el médium no sabe que la energía de su periespíritu se utiliza para crear el plasma necesario. Pero, para determinar la esencia de las manifestaciones debidas al espiritismo, hay que indicar que las imágenes son el resultado de una combinación de energía del espíritu y del médium. Los dos elementos son diferentes, pero cada uno posee un aspecto material, lo que explica que, a veces, la comunicación sea negativa entre ambos: en ese caso se trata de una incompatibilidad de humores manifiesta.

El médium, que juega el papel de agente de enlace entre los seres invisibles del más allá y el mundo material, puede convenir a algunos espíritus pero no a otros: del mismo modo, según su especialidad, un médium puede preferir un tipo de comunicación, mientras que otro médium podrá obtener efectos muy diferentes. Para que un espíritu pueda aprovechar las facultades de un médium, es necesario un grado de afinidades, de identificación y de compatibilidad de humores entre el espíritu encarnado y el espíritu desencarnado. Si no existe la más mínima corriente de simpatía, se producirá un rechazo y será imposible toda forma de comunicación. En algunos casos, la asimilación de los fluidos es absolutamente imposible entre algunos espíritus y algunos médium. En la mayoría de los casos, lo más probable es que la comunicación se establezca poco a poco, con el tiempo, cuando el espíritu y el médium han entrado ya en contacto una o varias veces.

LA FUNCIÓN DEL PLASMA

Lo más exacto sería llamar a esta sustancia *ectoplasma*, palabra que Richet tomó prestada del griego y que quiere decir «algo formado en el interior o en el exterior». Ya hemos explicado que se trata de una sustancia a medio camino entre lo espiritual y lo material, fruto del periespíritu. Así, durante el trance, se pone en marcha el órgano que lo produce en tal cantidad, que se exterioriza en seguida. El ectoplasma es, pues, una sustancia grisácea o blancuzca, gelatinosa y viscosa, que varía entre un estado gaseoso y un estado sólido.

No es necesario un aprendizaje previo antes de poder utilizar esta sustancia: las entidades espirituales o los médium pueden utilizarla y hacer que adopte formas muy diferentes, como un rostro, unas manos, brazos, piernas, pies e incluso flores o animales fantásticos: estas formas se desplazan por la habitación volando, ante el médium; después desaparecen, absorbidas por el cuerpo del médium del cual, en parte, han surgido. El ectoplasma puede aparecer de dos maneras diferentes: en forma material y en apariciones diversas. Se llama materialización a aquello que se hace visible en el momento, como la aparición de algunas partes de un cuerpo humano, sobre todo si se trata de una persona fallecida. Se llaman apariciones a la creación de objetos o de seres vivos, como frutas, un perro, una paloma, piezas de oro, etc. Estos objetos no son necesariamente objetos reales, presentan sobre todo un carácter efímero y terminan por ser reabsorbidos por el médium cuando el trance se acaba.

Los iniciados siempre han pensado que la Biblia habla un lenguaje de imágenes, figurado e, incluso, un lenguaje codificado. En este sentido, creen que el hombre no fue creado a partir del barro, sino a partir del *ectoplasma divino* al cual Dios ha dado algo más que la simple facultad de moverse y actuar: ha dado al hombre la inteligencia. En consecuencia, le ha concedido la inmortalidad o, más bien, se la ha concedido a su espíritu: esto es lo que representa el signo de Acuario.

Los médium capaces de producir esta sustancia son los llamados médium telépatas: tienen la capacidad de disponer de una materia que, por otra parte, no tiene ninguna otra aplicación posible que la de unir las facultades del espíritu y las del médium.

LA APORTACIÓN DE UN TESTIMONIO CIENTÍFICO

Sir William Crookes (1832-1919), físico y químico de fama mundial por su descubrimiento de los rayos catódicos, pasó la mayor parte de su tiempo estudiando las realidades del espíritu. Analizó todas las representaciones y los estados de espíritu de los más célebres médium de la época y, sobre todo, el de Daniel Dunglas Home. Este llegó a ser muy popular a partir de 1860 gracias a sus demostraciones de poder telepático, de levitación y de materialización de entidades espirituales. Crookes analizó las sesiones de telepatía de Florence Cook, Eusapia Paladino, Rudi Schneider, Kluski y Guzik. Escribió lo siguiente a propósito de las manos que Home, el médium, hacía surgir a partir del ectoplasma:

«Las manos y los dedos no me parecían hechos de una materia sólida, dotada de vida. A veces, las manos presentan más bien un aspecto vaporoso, nebuloso. Esa nube se condensaba en parte y tomaba la forma de una mano. Varias veces he visto cómo al principio un objeto se movía; después en torno a él se formaba una nube luminosa que se condensaba, tomaba forma y se transformaba en una mano perfecta. Todas las personas presentes podían ver, como yo, una mano. Esto no siempre era una forma simple y paralizada, inmóvil: los dedos se movían y la carne parecía tan real como la de la gente que observaba el fenómeno. A la altura de la muñeca o del brazo, se volvía nebuloso y el resto desaparecía. Al tocarlas, esas manos a veces parecían muertas y frías como el hielo, a veces tenían un aire vivo y caliente y tomaban la mía con todo el calor de un viejo amigo.

«Un día, intenté retener una de estas manos en la mía. La mano no hizo ningún esfuerzo para soltarse pero, poco a poco, se transformó en vapor hasta desaparecer y consiguió, así, escapar.

«A la caída de la noche, durante una sesión de espiritismo que se desarrollaba en casa del Sr. Home, he visto las cortinas de la ventana moverse: esa ventana se encontraba a unos ocho pies del asiento en el que estaba sentado el Sr. Home. Todos los que estaban presentes pudieron ver una forma humana se-mitransparente, que parecía un cuerpo humano, de pie, cerca de la ventana. Agitaba las cortinas con la mano y, mientras la mirábamos, desapareció y las cortinas dejaron de moverse».

La función de los sentidos en el contacto con los espíritus

Eso puede parecer contradictorio, pero la comunicación con los seres del más allá se debe más bien a un desconocimiento de nuestras facultades sensoriales. De hecho, conocemos tan poco nuestro cuerpo como nuestro espíritu. La medicina actual, una de las más eficaces de todos los tiempos, en calidad y en cantidad, debe reconocer que la amplitud de su ignorancia es escandalosa. Por ejemplo, conoce mal la función exacta de las anginas, el funcionamiento del tubo intestinal, la procedencia del virus de la gripe: algunas enfermedades cotidianas, en apariencia benignas, a menudo son desconocidas, aunque hay que reconocer el éxito de algunos cirujanos concretamente en el ámbito de los trasplantes de órganos. Pero los espíritus no son seres sólo perceptibles por nuestra inteligencia: se manifiestan también a través de los sentidos, como hemos explicado más arriba. A veces se contentan con aparecerse a alguien, manifestarse visualmente o mediante ruidos diversos. Las experiencias de Home muestran también que se les puede tocar, como si estuviesen vivos. Todas estas apariciones se hacen a través del ectoplasma.

Sin embargo, es verdad que a veces los espíritus se manifiestan sólo por el pensamiento y se conforman con sugerir ideas o sentimientos a la persona que visitan. También eligen los sueños para comunicarse, incluso con personas que no poseen ningún poder telepático.

Pero, en la mayoría de los casos, la presencia de una persona con facultades de médium es indispensable: en ese caso, la persona sirve de vínculo entre las dimensiones intemporal y temporal. A esta posibilidad de comunicarse se la denomina un puente, imagen muy interesante y evocadora del papel del médium.

Ignoramos demasiadas cosas en los dominios espirituales y en lo que respecta a nuestro cuerpo, pero todavía ignoramos más, casi todo, sobre este punto de contacto que nos permite comunicar con los espíritus. Se trata de una especie de puente, como hemos visto, que nos ha permitido, en nuestro nacimiento, pasar de la dimensión de los espíritus al mundo material; en ese momento, el espíritu se encarna en un cuerpo, que nos acompañará toda nuestra vida, y que está sometido a la influencia de los elementos de la naturaleza: el agua, el fuego, el aire y la tierra.

Creer que lo espiritual es una cosa extraordinaria constituye ya una prueba por sí misma de la veracidad de esta afirmación. Pero, para complementarla, recordemos que hemos vivido durante veinticuatro siglos en la creencia de que nuestro cuerpo no tenía más que cinco sentidos para comprender el mundo que nos rodea. Varios científicos vieron o entrevieron la verdad e hicieron públicos sus descubrimientos, pero nadie prestó gran atención a sus palabras o a sus escritos. De hecho, todo el mundo notaba que cinco sentidos no bastan para comprender o adivinar la presencia de un alma, ni para explicar la importancia del mundo de los espíritus en nuestras vidas de simples mortales. De todos modos, cinco sentidos no bastan tampoco para conocer el conjunto de la realidad material.

De hecho, utilizamos una decena de sentidos para adaptar la realidad tangible, sin contar los demás sentidos que están más o menos en alerta, más o menos atrofiados. Porque la naturaleza nos ha concedido un gran número de sentidos para poder conocer toda la complejidad del universo.

Además de los cinco sentidos reconocidos, poseemos aproximadamente un centenar más, sólo para percibir las realidades corporales o materiales. En la vida cotidiana de todos los días necesitamos más de cinco sentidos. Los tenemos y los utilizamos sin darnos cuenta, inconscientemente; hasta hoy, hemos detectado una veintena, pero este número puede muy bien aumentar si las experiencias que están en curso son positivas.

Por lo que respecta a la realidad inmediata, hay que atribuirle como mínimo el mismo número de sentidos, que dependen de lo que llamamos la función semifísica de la glándula pineal, en relación con las emanaciones del periespíritu.

DESCRIPCIÓN DE ALGUNOS SENTIDOS OCULTOS

Podemos demostrar la existencia de estos sentidos, pero hay que poner atención para diferenciarlos bien. La vista, el oído, el gusto, el olfato y el tacto son los cinco sentidos clásicos definidos por Aristóteles, pero entre los sentidos que se han reconocido de manera científica, algunos se han ocultado detrás de uno u otro sentido, y otros se han relegado a un segundo plano.

Es el caso de esa *intuición* que nos hace ver que tal persona con la que conversamos no es digna de confianza, sin tener pruebas tangibles de ello. «Esta persona tiene algo que no me gusta» es la expresión familiar que traduce ese estado de espíritu, incluso si esa persona respeta y sigue todas las reglas del uso social.

Aunque utilizamos este sentido todos los días, no lo consideramos un conocimiento especial. De hecho, es uno de los sentidos que utilizamos más habitualmente.

No obstante, sería más juicioso empezar por los sentidos que conciernen a la materia, los que los investigadores han reconocido. Empecemos por los sentidos ocultos, relegados a un segundo plano por los otros.

En primer lugar, hay que subrayar que el *tacto* y la *sensibilidad térmica* son dos cosas diferentes. Por ejemplo, los mensajes que transmiten el dolor pasan por la médula espinal siguiendo vías propias. Pero también ahí es donde se sitúan los zonas sensibles al calor y al tacto: cada una de estas dos zonas está perfectamente diferenciada, los caminos que llevan a ella son tan distintos que si uno de los caminos queda cortado o bloqueado (por un accidente, por ejemplo), la sensibilidad térmica se verá suprimida, pero el tacto funcionará normalmente. Sorprendente, ¿verdad? En este caso se trata de uno de los sentidos menos conocidos, pero hay otros: la estereognosis acaba de ser reconocida. Gracias a ella podemos determinar con los ojos cerrados el tamaño, el peso, la forma y la materia de un objeto. Algunas personas no pueden utilizar este sentido y eso se considera una enfermedad.

Hay *un sentido que nos permite ser sensibles a las vibraciones*: los neurólogos lo estudian mediante un diapasón que hacen vibrar ante sus pacientes; por otra parte, este diapasón es idéntico a los que se utilizan para afinar un instrumento de música. Esta facultad se aplica también al tacto: se pueden sentir las vibraciones de un objcto, incluso antes de tocarlo. En este caso, el oído no interviene. Este sentido no tiene nada que ver con la percepción de algunas vibraciones que proceden de la naturaleza y de los seres vivos: nos permiten distinguir las fuerzas del bien y del mal. Pero algunos puristas se oponen a esta interpretación y consideran que captamos la dimensión material mediante sentidos creados para funcionar en esta dimensión; por contra, hay sentidos específicos para captar la realidad espiritual.

Pero las dimensiones material y espiritual no están completamente separadas. Podemos conocer el más allá, que se manifiesta por una realidad material; si no, estaríamos completamente aislados y no podríamos adivinar la existencia de los espíritus. El sentido que nos permite calcular la distancia entre dos puntos también es muy mal conocido. Esta facultad no es la misma en cada parte del cuerpo: la lengua es el órgano más sensible a esta realidad, mientras que la piel de la espalda no es en absoluto receptiva.

Para estudiar este sentido, se utiliza un compás cuyas dos puntas tocan al mismo tiempo la piel. A continuación, las dos puntas se separan progresivamente, a medida que se estimula al sujeto, hasta que este afirma sentir otra vez las dos puntas del compás.

El *sentido del equilibrio*, del cual no tenemos consciencia hasta que nos falta, se encuentra en el oído interno. Este órgano se relaciona con el cerebelo y nos permite situarnos correctamente en el espacio. Sin esta facultad, nadie podría desplazarse sobre sus dos piernas sin caerse.

El *sentido de la orientación* es un gran desconocido, pero es igual de importante que los demás. Tiene su centro de gravedad en el cerebro y, además, es muy fácil perderlo si se coloca sobre la cabeza un electroimán: la persona reacciona de la misma manera que cuando se pone un electroimán cerca de una brújula. Este sentido se ha estudiado detenidamente en los animales que, como los pájaros migratorios, lo utilizan en sus desplazamientos.

La *barestesia* es otro sentido que hay que considerar: situado en el inconsciente, se trata de la sensibilidad al peso o a la presión. Por ejemplo, este sentido nos permite saber cómo están colocados nuestros brazos y nuestras piernas, incluso si no los vemos. Del mismo modo, cuando dormimos podemos mover la pierna bajo las mantas sin que eso nos despierte.

Quisiéramos reclamar la atención del lector al que invitamos a meditar sobre la importancia de todas estas cosas que no obstante parecen tan simples. En ellas intervienen sentidos diversos, que desconocemos. Por ejemplo, nos sucede que nos sentimos observados por alguien a quien no vemos. Esta facultad permite también percibir a los seres inmateriales, por lo menos se lo permite a algunas personas. Este sentido ¿nos permite detectar la presencia de fantasmas y de espíritus?

La barestesia es uno de los sentidos más conocidos y nos permite calcular el peso aproximado de un objeto, con las manos o con cualquier otra parte del cuerpo. Durante mucho tiempo se ha confundido esta facultad con el tacto, hasta que se trataba de una facultad completamente diferente.

Se constata que algunas personas que han perdido un miembro continúan teniendo sensaciones en ese miembro desaparecido, por ejemplo sentir dolor en una pierna amputada o en un dedo seccionado: se trata del famoso miembro fantasma. Las personas que practican el espiritismo saben que se trata de una manifestación del cuerpo astral, que no ha podido sufrir ninguna mutilación. Sin embargo, los fisiólogos hablan de enlaces nerviosos seccionados que siguen enviando al cerebro informaciones completas y consideran la lesión como una simple herida que enviaría señales de dolor. Esta interpretación mecanicista es ciertamente muy juiciosa, pero no basta para explicar la persistencia de sensaciones dolorosas y también de movimientos, volúmenes e incluso picores.

Se podría aplicar esta facultad de sentir un miembro fantasma a todo el cuerpo. Esto explica el desconcierto de algunos espíritus, a los que la muerte sorprende de manera inesperada: siguen sintiendo todos sus miembros, todo su cuerpo, pero, con gran estupor por su parte, nadie les escucha. Corren e intentan evitar los obstáculos materiales que encuentran en su camino; buscan ayuda, consuelo, pero se dan cuenta de que nadie oye nada, incluso si tienen la impresión de oír los golpes que se dan contra los muebles, las puertas y las paredes. Después, se dan cuenta de que no necesitan abrir las puertas para pasar, ni de tomar las escaleras para bajar o subir. Entonces, en un grito de horror, son conscientes por primera vez de que están en otra dimensión, terriblemente diferente. Es así como permanecen en el lugar donde han muerto o en el que han vivido. Intentan comunicarse y entrar en contacto con los seres humanos, pero no lo consiguen excepto con aquellos que poseen facultades especiales. A veces es el mismo fantasma el que se ve obligado a aprender a utilizar la energía de los seres humanos, para hacer reconocer su existencia, y podrá utilizarla de manera violenta e incluso destructiva.

¿CUÁL ES EL SENTIDO MÁS IMPORTANTE?

Todo parece indicar que es el *tacto*, el sentido de los incrédulos: recuerda de manera simbólica la impureza de nuestra condición, la dificultad para entrar en contacto con la dimensión inmaterial de la que proceden los espíritus. Se cree que, por este motivo, Cristo le pidió a la fiel María Magdalena que no le tocara: *Noli me tangere* (Juan 20,17). De hecho, según los especialistas que reconocen la importancia capital del tacto, este representa el origen de todos nuestros sentidos. El tacto es el sentido más antiguo, pues los organismos primitivos ya lo poseían.

Estos especialistas afirman que todos los sentidos se derivan del tacto, incluso si no se parecen en absoluto; no hay, en efecto, ningún parecido entre la vista y el oído. Todos los sentidos tendrían como punto de partida el tacto desde que la vida empezó a extenderse sobre la tierra. Así, todos los sentidos se reducen a uno solo, el tacto. En el punto de vista opuesto a esta creencia, los prearistotélicos han definido más de un centenar de sentidos; entre ellos, algunos tendrían por función hacernos percibir las realidades espirituales y participar en el mundo extrasensorial propiamente dicho. Según ellos, no existe distinción entre los dominios científicos y paranormales.

La manifestación de los espíritus

Cuando se invoca el alma de una persona desaparecida, la de un miembro cercano de la familia o la de un amigo muy conocido por las personas que asisten a una sesión de espiritismo, las revelaciones íntimas del ser invisible permitirán saber inmediatamente si es realmente su espíritu el que responde por la intermediación del médium. Atención a los engaños de los charlatanes así como de los propios espíritus ya que algunos se divierten llevando problemas y desorden entre los vivos. A veces, incluso intentan desacreditar al médium, hacerle pasar por alguien incapaz porque están celosos del papel esencial que puede jugar a veces en detrimento del ser invisible.

De hecho, durante varios experimentos científicos, algunos de estos espíritus han falsificado los datos para que sean inutilizables. Por otra parte, algunos son seres a los que les gusta jugar y burlarse de los vivos. Son inteligentes, en general, pero están llenos de pasiones que no siempre son elevadas, comprensibles o justificables.

Por lo que respecta a las relaciones que mantienen con los vivos, hay que precisar que los espíritus son las almas de las personas que han vivido en la tierra o en otros mundos a los que aludiremos más adelante en este libro; estas almas se despojan de todo envoltorio carnal y se unen a una sustancia semimaterial o fluida que, en el lenguaje del espiritismo, se denomina el «periespíritu». Puede recibir otras denominaciones, casi tan numerosas como sus aplicaciones en la vida humana.

El envoltorio del espíritu encarnado es doble. Cuando el cuerpo está vivo, el alma reside en un envoltorio que es doble, el del cuerpo material, destinado a la muerte y a la corrupción, y el del cuerpo astral o periespíritu. Este está compuesto por una sustancia semimaterial que, queremos insistir sobre este punto, juega un papel esencial en nuestra vida y tras ella. El hombre, pues, es un ser compuesto de tres realidades esenciales: el cuerpo, el espíritu y el punto de encuentro entre ambos, el periespíritu, que se puede percibir de manera equívoca, como veremos más adelante.

La escala de los espíritus

Los diferentes grados de purificación progresiva, adquirida por el espíritu durante sus vidas sucesivas, se manifiestan en la escala de los espíritus. No se trata de una clasificación realizada a partir de las experiencias de los espiritistas, sino del reflejo de una realidad trascendente, revelada por los mismos espíritus a través de sus mensajes. Es también una guía fundamental que contiene un saber muy útil para quien practica el espiritismo y que debe conocer el nivel del espíritu con el cual dialoga.

Se puede lamentar que sea el equivalente de una clasificación jerarquizada, poco adaptada al mundo de los espíritus. Pero, de hecho, es la clave que nos permite analizar las manifestaciones de los espíritus y evaluar la confianza que se puede poner en ellos. Una sentencia dictada por un espíritu que pertenece a las esferas superiores nunca inducirá a alguien al error. Al contrario, será sinónimo de verdad suprema. Pero si alguna vez un mensaje está lleno de odio, de resentimiento o de sensualidad, sólo puede tratarse de un espíritu que pertenece al nivel más bajo.

Empezaremos explicando las características principales de los diferentes grados de esta escala, que cuenta con tres categorías principales:

— espíritus imperfectos;
— buenos espíritus;
— espíritus puros.

Se parte de los grados inferiores y se sigue por un grado de perfeccionamiento, punto matizado por la existencia de categorías en el interior de cada nivel. Se trata de establecer la esencia de cada espíritu y el itinerario que cada uno va a seguir entre la vida y la muerte, empezando siempre por el nivel más bajo para alcanzar un estado superior.

EL TERCER NIVEL

El tercer nivel corresponde a los espíritus imperfectos que viven de manera egoísta y cuya única finalidad es complacerse, pensar sólo en sí mismos. Para ellos, el yo es esencial. Tienden a hacer el mal y están afectados por una ignorancia culpable producida por el desinterés y por el orgullo, que nace de un rencor contra todo lo que representa la armonía del universo. Se sienten dañados, por eso sólo sienten celos y egoísmo.

Reconocen, en sí mismos y en el universo, el poder de Dios, pero no logran comprenderlo y no se interesan en ello ya que consideran que Dios no les ha concedido gran cosa. De hecho, no tienen consciencia de quiénes son realmente, ni de su destino. No siempre poseen conocimientos válidos de la di-mensión a la cual pertenecen.

En general, las ideas y los sentimientos no están realmente definidos en este nivel. No se trata de espíritus realmente malos, pero son incapaces de buscar la luz del bien: esto demuestra la mala utilización de la energía que poseen, puesto que todos los espíritus de hecho son energía pura. Son espíritus diferentes a los demás, que saben de dónde vienen y a dónde van, incluso si se sienten débiles por el camino. En resumen, el lenguaje que utilizan los espíritus imperfectos muestra hasta qué punto el nivel de su inteligencia es bajo.

Para ellos, contemplar la alegría de los espíritus buenos o puros es una injusticia y representa una tortura insoportable. En su desgracia, conservan también el recuerdo de su vida corporal. Tienen remordimientos a causa del mal que han hecho y están convencidos de que su destino será sufrir por siempre jamás.

No todos los espíritus de este grupo son iguales. Los prisioneros no son todos iguales: hay casos diferentes. Entre los espíritus imperfectos se pueden definir cuatro subgrupos:

— los espíritus impuros;
— los espíritus ligeros;
— los espíritus pseudosabios;
— los espíritus neutros.

La *novena categoría* incluye a los «peores espíritus», lo cual se corresponde con el rango de los espíritus impuros. Pero no debemos designarles como «los peores espíritus»: un diamante en bruto no es «peor» que un diamante tallado, es sólo imperfecto e inacabado. Es simplemente un espíritu que no se ha pulido y que no posee otras cualidades que las de su forma mineral, aunque sólo esto ya representa mucho. Nunca hay que considerar el diamante en bruto como algo indigno; del mismo modo, todo lo que se haga para hacer que sea más precioso no tendrá tanto valor como la naturaleza intrínseca del diamante.

Sus acciones son perversas: se las arreglan para desnaturalizar los mensajes que dan y los llenan de mentiras, de consejos falsos; incitan a la discordia y a la desconfianza, extienden el desorden. Disimulan sus sentimientos para engañar a los incrédulos. Les gusta inducir a los mortales al error para hacerles pasar por pruebas que ellos mismos deben pasar. Su lenguaje es común y vulgar. El contenido de sus mensajes desvela su bajeza moral y sus malas inclinaciones. Cuando se encarnan, se dejan ir con la peor de las conductas. Los pueblos primitivos creían que había divinidades maléficas, demonios, genios malignos, cuando de hecho se trataba de espíritus de condición inferior.

La *octava categoría*, la de los espíritus ligeros, es una categoría intermedia. Son seres que desprecian todo conocimiento elevado, pero que se muestran orgullosos, inconsecuentes, maliciosos y falsos. Tienen respuesta para todo, sin deseo de averiguar la verdad, les gusta causar penas a los vivos, falsas alegrías, inventar estratagemas ingeniosas. Les gusta engañar a la gente sólo por placer. En general, se someten a los espíritus superiores y obedecen sus órdenes. Sin embargo, están muy atados a la materia. Del mismo modo, los espíritus que no se han encarnado gozan de muchas facilidades para jugar con la materia y superar todas las dificultades que molestan a los espíritus encarnados. A veces, son responsables de catástrofes naturales. Los pueblos primitivos hablan de estos espíritus. En efecto, muchos han ejercido una auténtica tiranía sobre las tribus de indios pieles rojas, creando auténticos enfrentamientos entre ellas. Por otra parte, los indios creían que estos espíritus vivían en el fuego, el agua, el aire, los objetos e incluso en las entrañas de la tierra.

Para manifestar su presencia, prefieren los efectos sensibles, como los golpes, los desplazamientos de objetos, etc., por eso se les llama espíritus perturbadores. Hay una explicación para este fenómeno: los espíritus inferiores están más cerca de las cosas sensibles y materiales que los espíritus superiores. El lenguaje que utilizan para comunicarse es casi siempre equívoco; les gustan las frases satíricas, mordaces, aunque también pueden adoptar una actitud completamente mesurada.

En la *séptima categoría* se encuentran los espíritus falaces; sus conocimientos son muy amplios, eso es innegable, pero también son superficiales. De hecho, creen saber más de lo que realmente saben y les gusta mostrar su pseudosuperioridad, por eso se expresan con seriedad y resaltan sus conocimientos. Pero a menudo el lenguaje que utilizan se presta a confusión. A menudo, pueden afirmar y a continuación refutar lo mismo, o dar la impresión de que han explicado algo que, pese a todo, va a quedar confuso. Mezclan sin importarles las verdades con los errores, que les divierte desmentir acto seguido, diciendo que «El ignorante es capaz de perderse incluso en plena verdad, mientras que el mentiroso puede mentir sin traicionarla».

Sus principales defectos son el orgullo, la vanidad y los celos. Su condición es un reflejo de las ideas y los prejuicios de la tierra.

La *sexta categoría* es la de los espíritus neutros. Estos no son ni completamente buenos ni completamente malos y no son capaces de hacer ni el bien ni el mal. De hecho, se equilibran entre ambos, pueden tener reacciones violentas y ofensivas o, por el contrario, prometedoras y eficaces. No tienen un carácter bien definido y sólo mejoran un poco gracias a los esfuerzos progresivos, pero poco importantes. Su principal defecto es la inconstancia; sólo les estimula la vanidad.

Además, su inteligencia es bastante mediocre, así como los principios morales que les guían. Lo más sorprendente sigue siendo que no parecen deplorar los placeres de los que gozaron cuando estaban encarnados.

EL SEGUNDO NIVEL

Este segundo nivel es el de los buenos espíritus. Aquí, la nobleza de carácter predomina sobre todas los demás cualidades. Según el grado de sabiduría que cada uno posee, unos son muy brillantes, mientras que los otros se expresan con gran dulzura. Sin embargo, se puede decir que todavía no se han liberado de los objetos materiales, ya que conservan costumbres de su vida pasada, de su existencia corporal: por ejemplo, adoran las relaciones mundanas, las joyas bonitas, las historias románticas o los niños. Pero estas tendencias que les unen a la vida material no son más que pequeños defectos sin los cuales podrían acceder a la perfección.

Los conceptos de levitación, trascendencia e infinito no les son extraños. Les gusta cultivar los buenos sentimientos, la felicidad de complacer a los que aman y de evitarles todo peligro. El amor que les unía les aporta alegrías inefables que no destruyen ni los celos, ni los tormentos, ni las malas pasiones que perturban a los espíritus imperfectos. Pero estos espíritus deben pasar varios pruebas antes de conseguir alcanzar la perfección absoluta.

Inspiran actitudes positivas, apartan del mal a los vivos y protegen a quienes les invocan o a los que se ponen bajo su tutela. Cuando todavía están encarnados, vivos, su carácter es el reflejo de las características de su nivel espiritual. Conservan también los rasgos del signo zodiacal de su última encarnación. Así, tienen una actitud positiva hacia los que les invocan en serio; si no, no acuden, porque no se desplazan para presidir reuniones mundanas. No sienten ni orgullo, ni egoísmo, ni cólera. No se dejan llevar por malos sentimientos, hacen el bien sólo por el placer de hacerlo.

Estos son los espíritus a los que se llama genios protectores. En esta categoría, se clasifican en cuatro sectores:

— bienhechores;
— cultivados;
— prudentes;
— superiores.

La *quinta categoría* es la de los espíritus bienhechores. Poseen como cualidad superior la bondad, son felices sirviendo a los vivos y protegiéndoles, pero su saber es limitado. Han hecho más progresos en el ámbito moral que en el ámbito intelectual.

La *cuarta categoría* reúne a los espíritus cultivados. Se distinguen muy especialmente por la amplitud de sus conocimientos. No se preocupan de cuestiones de orden moral, pero se interesan más por los problemas científicos, filosóficos o artísticos, para los cuales están muy dotados. No utilizan su sabiduría para cultivar su orgullo. Desean hacer fructificar sus ideas, a ahondar cada vez más el ámbito del saber que han elegido. Nunca mezclan las pasiones personales de los espíritus inferiores a su deseo de profundizar sus conocimientos en todos los dominios intelectuales.

La *tercera categoría* es la de los espíritus prudentes. Poseen las cualidades morales más elevadas, pero desean mantener un equilibrio en todas sus acciones. Hay que reconocer que sus conocimientos no son muy amplios, pero están dotados de una gran capacidad intelectual que les permite aportar un juicio clarividente sobre las cosas y los seres que les rodean.

La *segunda categoría* incluye a los espíritus de nivel superior que poseen la ciencia, la prudencia y la bondad.

Su lenguaje es siempre afectuoso, positivo, esperanzador y, además, digno, educado e incluso sublime. Gracias a su superioridad evidente, son los más aptos para comunicar las nociones más justas por lo que respecta a la dimensión espiritual; les gusta mucho entrar en contacto con los hombres de buena voluntad que buscan la verdad y están muy distanciados de los asuntos terrestres. Sin embargo, se alejan de las personas que sólo se motivan por la curiosidad o que se distancian del bien por su interés en los valores materiales. Cuando se encarnan en la tierra, es para llevar a cabo una misión excepcional, que hace progresar a la humanidad. Representan un modelo de perfección para todos.

EL PRIMER NIVEL

El primer nivel corresponde a la *primera categoría*. Entre estos espíritus, la influencia de la materia es inexistente. Su superioridad intelectual y moral con relación a los espíritus de las demás categorías es total. Han conseguido un grado de perfección absoluta: no deben sufrir ninguna prueba, ninguna expiación. Ya no dependen de la encarnación. Gozan de la vida eterna ante Dios. Son sus mensajeros y sus ministros, ejecutan sus órdenes, destinadas a mantener la armonía universal. Pueden disponer de los espíritus inferiores y asignarles misiones, tareas que deben ayudarles en el camino hacia la perfección. Asisten a los hombres en sus peripecias. Les empujan hacia el camino recto y les obligan a expiar las faltas que les alejan de la felicidad suprema. Estos espíritus son los ángeles, los arcángeles y los serafines.

Aunque hayan conseguido el grado más elevado de la evolución, los hombres pueden entrar en contacto con ellos. Mucha gente cree, equivocadamente, que los espíritus puros o superiores no se han encarnado nunca. Este error se debe a algunos mensajes de los espíritus que utilizan esta expresión. De hecho, estos espíritus han podido muy bien encarnarse antes, como ya hemos visto. Pero como han conseguido el grado último de perfección, ya no están sometidos a la encarnación, porque han franqueado todas las etapas que les han llevado hacia el estado último. Desde el origen de los tiempos, el único espíritu que no se ha encarnado nunca es el espíritu de Dios. Las grandes religiones están, mayoritariamente, de acuerdo con este postulado.

Nociones sobre espiritismo

Orígenes del espiritismo actual

LA HERENCIA DE SWEDENBORG

Los discípulos del sueco Emmanuel V. Swedenborg (1688-1772), que tuvo muchos émulos y alumnos, implantaron el espiritismo en Europa. Se le considera el inventor del espiritismo libre de toda referencia religiosa: él lo define como una facultad suplementaria del ser humano, dotado de razón. El espiritismo nació el 7 de abril de 1744, con las visiones nocturnas de un discípulo de Isaac Newton.

Swedenborg, hijo de un ministro luterano, estaba dotado de una inteligencia brillante y de una gran pasión por las ciencias. A los veintiún años, se doctoró en la universidad de Uppsala. Sin embargo, sus visiones no tenían del todo un carácter racional, puesto que él se consideraba un mago que mantenía conversaciones con Virgilio y Lutero. En resumen, este mago se enfrentó a una misión completamente insólita.

A partir de esa misión, Emmanuel Swedenborg empezó a poner las primeras piedras de lo que más adelante sería el espiritismo: este se define como una disciplina que concede una personalidad propia a las entidades espirituales, sin preocuparse de las clasificaciones del bien y del mal, que son referencias cristianas. Los espíritus están a igual distancia de ángeles y de demonios.

En sus comienzos, el espiritismo no estaba teñido de religión en absoluto. Pero a muchas personas les cuesta rechazar toda referencia a una religión, a cualquiera de ellas. Swedenborg mismo no pudo evitar un enfoque religioso, como anuncia en su obra *Del Cielo y sus maravillas y del Infierno*, que constituye el primer testimonio sobre la existencia de seres que fueron seres humanos.

Es normal que los hombres se ocupen de los espíritus, puesto que ellos mismos son espíritus encarnados. En otras palabras, el proverbio lo resume muy bien: «Como te ves, me vi; como me ves, te verás».

Sin embargo, esta primera doctrina no se llamó «espiritismo». En efecto, las invocaciones de Swedenborg eran totalmente sorprendentes, incluso si, en su caso, no vivió manifestaciones de tipo físico, sino revelaciones doctrinales, como la visión del juicio final.

Hay que intentar no mezclar la noción de espectáculo con el concepto de espiritismo. Es una de las condiciones absolutas que hay que respetar para que se nos escuche durante una invocación. Swedenborg confía una de las visiones más personales que tuvo nunca a uno de sus discípulos. Durante una sesión de autohipnosis, se le reveló que iba a morir en 1772 lejos de ellos y de Suecia. Esto se confirmaría, ya que murió repentinamente ese año en Londres.

Sus teorías sobre los «espíritus» se expandieron por toda Europa y empezaron a interesar a un número creciente de personas, hasta tal punto que los hombres de ciencia se interesaron por la cuestión. Así, en 1787 la Sociedad Filantrópica y de Exégesis de Estocolmo corrobora la versión dada por los discípulos de Swedenborg: afirman que los mensajes y las expresiones de la gente que había sido magnetizada durante sesiones preparatorias eran seres de la dimensión espiritual. Eran las almas de la gente que estaba muerta, aunque todavía tenía algo que decir. Justamente este criterio se adoptó en Francia y en Alemania donde, en 1847, era compartido por todo el mundo. El libro *Arcanos de la vida desvelada* difunde abundantemente esta teoría.

Otros fenómenos paranormales se asocian al espiritismo: en la época, el *halo* o aura que el cuerpo emite gracias a la energía que actúa como periespíritu o vínculo semimaterial que une el espíritu al cuerpo. Se ha demostrado que esta energía sobrevive al cuerpo y que también podía manipularse. De hecho, siempre se había manipulado y es gracias a ella que se ha desarrollado la brujería.

Así es como el espiritismo adquirió sus características más destacadas en el siglo XVIII. En este contexto, hay que destacar el impulso que aportaron a esta doctrina los fenómenos agrupados bajo el término *mesmerismo* (de Mesmer, médico alemán, 1734-1815, que creía haber descubierto el «magnetismo animal»).

El siglo XIX ve un desarrollo prodigioso del espiritismo. En Europa, aparecen los nombres más grandes. Destacamos el de Allan Kardec (1804-1869), cuyas teorías explicaremos más adelante.

Al principio, el espiritismo era una disciplina elitista. Los nobles se interesan mucho por los fenómenos inexplicados y, de hecho, el conocimiento de la energía que emite el espíritu contribuye en parte a dar a conocer el espiritismo. La ciencia de los espíritus alcanza un punto sin retorno en 1848, cuando se conocieron los hechos que tuvieron lugar en los Estados Unidos: se trataba de una manifestación insólita de golpes (en inglés, *raps*) causados por fantasmas. Es entonces cuando esta doctrina se difunde por toda Europa bajo el nombre de espiritualismo.

El caso de la familia Fox

Todo empezó en 1847, cuando la familia Fox, que residía en Hydesville, estado de Nueva York, afirmó que resonaban ruidos extraños en las paredes de su casa y que los muebles cambiaban de lugar.

Al principio el mensaje no era fácil de captar, pero tras un corto periodo de adaptación, los Fox empezaron a hacer preguntas a estos seres misteriosos. Poco a poco, se estableció un código que el misterioso espíritu utilizó para explicar su situación más claramente.

Dicho espíritu se llamaba Charles Haynes y había sido asesinado y enterrado en esa casa por un viajante de comercio, incluso dio el nombre de su asesino. Se verificaron sus revelaciones, que resultaron ser exactas, y el asesino fue detenido poco tiempo después...

Un día de 1849, la señora Fox y sus dos hijas se encontraban en el salón cuando se sobresaltaron porque la mesa empezó a moverse y a elevarse.

La señora Fox, que conocía ya la presencia del espíritu que visitaba su casa habitualmente, se calmó rápidamente y rogó amablemente al espíritu que devolviese la mesa a su sitio.

La obedeció inmediatamente.

Este «éxito» le dio la idea de organizar una sesión que tendría gran repercusión en todo el país y más allá. La señora Fox interrogaba al espíritu, que le respondía de buen grado: un golpe sobre la mesa correspondía a una afirmación y dos golpes equivalían a una negación.

En consecuencia, uno de los participantes de estas reuniones constató que si el espíritu usaba golpes para comunicarse era porque no tenía otro medio a su disposición. La señora Fox propuso atar un lápiz a una de las patas de la silla: el espíritu podría utilizarlo para trazar letras. Y así fue.

El espíritu del difunto Charles Haynes estaba tan contento de la dimensión que tomaban las apariciones, que convocó a otros fantasmas en casa de los Fox. Su casa se reveló pronto demasiado pequeña para contener a toda la gente que acudía para oír los golpes de los espíritus. Todos querían ver cómo los espíritus trazaban las letras mediante el lápiz atado a la pata de la silla.

Los espíritus parecían utilizar una fuerza propia: los objetos permanecían a veces suspendidos en el aire; unas veces eran lanzados violentamente al suelo, otras eran destruidos como quemados por chispas surgidas de manera inexplicable.

Este despliegue enorme de fuerza sorprendió a los especialistas, sobre todo procedente de un ser aparentemente alejado del ámbito material. Por otra parte, se observó que los espíritus tenían necesidad de la proximidad de personas intermediarias para poder manifestar su presencia en una dimensión material. La expresión *persona intermediaria*, al principio exclusiva, cayó rápidamente en desuso frente a la aparición de un nuevo término más exacto: médium.

Sin embargo, esta palabra no posee la claridad de la primera expresión. Los médium permiten a los espíritus entrar en contacto con otros espíritus, otros seres vivos. Son muy útiles, ya que provocan manifestaciones espontáneas (ruidos, desplazamientos de objetos) que perturban mucho la existencia de los mortales. Los espíritus ponen en el médium la energía que se llama periespíritu, de la cual forma parte el *halo*, común a cada persona.

El estado de médium se conoce y existe desde hace miles de años. Sin embargo, si se considera el espiritismo como una disciplina paranormal moderna, hay que destacar que el caso de los Fox supuso la aparición de los primeros médium.

Finalmente, se descubrió que las dos hijas de la pareja, Kathie y Margaret, tenían, sin saberlo, el don de médium. Eran personas intermediarias que podían entrar en contacto con todos los espíritus en cualquier lugar. Los espíritus podían, gracias a ellas, comunicarse con los seres humanos.

Esta comunicación no es ilimitada, puesto que depende también de seres humanos anclados en el mundo material: el espíritu no puede manifestarse más allá de algunos metros del lugar en el que se encuentra la persona intermediaria. En general, la manifestación del espíritu se produce en el lugar que habitaba cuando estaba vivo.

Las jóvenes Fox se sometieron a los exámenes de un equipo de tres médicos de la universidad de Búfalo, que emitieron una reserva muy académica y concluyeron que los golpes que se oían en casa de los Fox los producían las articulaciones de sus rodillas. Los médicos no dieron ninguna importancia a los demás fenómenos y no se mostraron en absoluto objetivos: su carrera podía verse comprometida si reconocían la existencia de espíritus deseosos de establecer relaciones con los seres vivos. Sin embargo, todo el mundo reconoció la importancia de estas manifestaciones y personalidades muy diferentes se interesaron por el caso Fox.

Esta reacción popular reactivó las investigaciones. Desde luego, se obtuvieron respuestas mucho más precisas en presencia de una de las dos hermanas Fox...

EL FENÓMENO DE LAS MESAS QUE GIRAN

Las sesiones empezaron primero sin las dos hermanas: sobre la mesa se formaba un círculo de manos que sólo se tocaban por los pulgares y los anulares. A continuación se producían una serie de golpes significativos, a veces separados o también rápidos como una ráfaga. Era evidente que un ser inteligente quería entrar en contacto. Utilizaba un mueble como mínimo poco cómodo: una mesa cuyas patas golpeaban el suelo. El fenómeno de la mesa que gira tomaba sus cartas de nobleza.

Precisemos, por otra parte, que la experiencia de la mesa que gira ya estaba inscrita en la historia y desde hacía mucho tiempo. Ya en el año 540 a. de C., Pitágoras, filósofo y matemático griego, practicaba sesiones de espiritismo en las que la mesa mística jugaba un papel protagonista: se desplazaba movida por entidades invisibles y formaba signos que el filósofo interpretaba.

Durante sus diversas invasiones de Europa, los mongoles llevaron con ellos esta práctica: utilizaban este poder para detectar a los ladrones y los criminales que se ocultaban entre ellos. Para este pueblo, el testimonio de la mesa que gira era una prueba irrefutable de la culpabilidad: hacían girar la mesa hasta que designaba a alguien. A veces, las mesas no giran, sino que... vuelan: la «mesa volante» sólo se utiliza para detectar fuentes de agua subterráneas.

Hay que reconocer que el prodigio de las mesas que giran realizado en casa de los Fox tuvo un éxito clamoroso y acabó de convencer a los escépticos en Europa. El público ya estaba preparado para saber más sobre el más allá, sobre los medios de entrar en contacto con él.

La prensa de estos años insistía mucho sobre este fenómeno y sus causas y se sorprendía de que los espíritus hubiesen elegido un medio tan extraño para comunicarse.

Sin embargo, la frivolidad y la moda ganaron por la mano a lo serio: los médium y las mesas que giran se convirtieron en compañeros muy apreciados a la hora del té...

Además, como ya hemos dicho, la ciencia sigue siempre sobre aviso. En 1852 los médicos americanos Roberts y Hayden llegaron a Londres, donde había mucho entusiasmo por el espiritismo, para dar una serie de conferencias a las que asistieron científicos en tanto que observadores. Entre ellos, se encontraba el célebre Faraday y el doctor Carpenter que, desconcertados, afirmaron que todo lo que habían visto (levitación, movimientos de mesas, etc.) se debía a la acción muscular de algunos asistentes. De hecho, buscaban una explicación racional a todo eso. Sin embargo, una actitud tan dogmática les valió los reproches de hombres de la Iglesia que sí que reconocían la explicación espiritista.

La explicación de las mesas que «giran» y «vuelan»

LA EXPLICACIÓN CIENTÍFICA

En esta ocasión se habla de la existencia de reacciones eléctricas, magnéticas, e incluso de un fluido todavía desconocido, pero nadie se atreve a reconocer la presencia de espíritus.

Los hombres de ciencia preferían y prefieren siempre admitir la existencia de una fuerza desconocida, antes que reconocer a los espíritus. Prefieren ceder un poco de terreno en este ámbito antes que enfrentarse a la realidad espiritual.

Esto me recuerda las declaraciones de un psiquiatra parisino que, durante un debate televisado sobre el alcance real de la hipnosis, rechazó admitir que el trance podía tener algún tipo de relación con las manifestaciones sobrenaturales. Yo repliqué que Rasputín había salvado por estos medios al hijo del zar Nicolás II, que corría un peligro mortal a causa de su hemofilia. Pero el psiquiatra me responde con un gesto de desprecio y afirma que eso no quiere decir nada puesto que, tres mil años antes, los egipcios conocían ya este remedio.

Yo le pedí entonces cómo podía explicar científicamente el fenómeno de las mesas que giran y otras manifestaciones; se limitó a encogerse de hombros con un aire de desprecio y a decir que no tenía ninguna explicación, que sólo se trataba de uno de los muchos fenómenos inexplicados por los científicos.

La mayoría de los testigos adoptan así una actitud indecisa, por temor a tomar partido.

LA EXPLICACIÓN DE ALLAN KARDEC

Los hechos demuestran, sin embargo, la naturaleza paranormal de las mesas que giran. Se constata un carácter racional e inteligente en los mensajes emitidos por estas mesas. Hay una voluntad deliberada de comunicación.

Por tanto, se puede afirmar con Allan Kardec que ha nacido una ciencia a partir de las observaciones que suscitan estos mensajes: se trata casi de una doctrina filosófica. Tras el fenómeno de moda que acompañó al espiritismo, este se convirtió en una doctrina de verdad reservada a las personas que se interesaban por el mundo espiritual.

Allan Kardec afirma textualmente que «Gracias al periespíritu, el espíritu actúa sobre su propio cuerpo; gracias a este fluido, se manifiesta actuando sobre la materia inerte, hace ruidos, crea movimientos de objetos, mesas que giran; es el periespíritu el que produce fenómenos como la levitación y, en general, todos los movimientos de objetos». El médium juega un papel fundamental en la materialización del espíritu:

«El espíritu no posee cuerpo y por eso se sirve del cuerpo del médium, se inviste de sus órganos: lo utiliza como si se tratara de su propio cuerpo gracias al fluido que vierte sobre él.

»Del mismo modo, el espíritu actúa sobre las mesas, que se suelen llamar mesas que giran o que hablan: puede moverlas sin que eso tenga un sentido particular o hacer que den golpes que se corresponden con las letras del alfabeto. Forman palabras y frases y, en este caso, la mesa no es más que un medio que utiliza el espíritu para escribir, como un lápiz. El espíritu da a la mesa una vitalidad momentánea, sin identificarse con ella. La gente que, emocionada por la intervención del espíritu de un difunto al que querían, abraza la mesa, es ridícula: es como si abrazasen al palo que se utiliza para pegar, dar golpes. Lo mismo se puede decir de aquellos que se dirigen directamente a la mesa, como si el espíritu estuviera contenido en la madera o como si la mesa se hubiese cambiado por el espíritu».

El espíritu, pues, no es equivalente a la mesa, que sólo utiliza:

«Durante este tipo de intervención, hay que representarse al espíritu a nuestro lado y no en la mesa: es así como le veríamos si no fuese invisible. Lo mismo sucede durante las sesiones de escritura: veríamos al espíritu al lado del médium, puesto que es el espíritu el que le guía la mano o le transmite sus pensamientos gracias a un fluido especial.

»Cuando la mesa se eleva por los aires y se balancea sin punto de apoyo, no es el espíritu el que la sostiene con sus brazos. La mantiene en una atmósfera fluida, que neutraliza el efecto de la gravitación, como cuando los globos se elevan. El fluido que rodea a la mesa le da una ligereza momentánea.

»Cuando la mesa sigue a alguien, no es el espíritu el que corre; él se limita a no moverse y a comunicar un fluido que hace que se mueva la mesa.

»Cuando se oyen ruidos, no es que el espíritu utiliza su mano para golpear: él envía un chorro de fluido que causa el ruido, como una corriente eléctrica. El espíritu modifica el ruido, como se pueden modificar los sonidos producidos por los instrumentos en la música.

»Así, para el espíritu no es más difícil levantar a una persona, una mesa o proyectar objetos pesados a lo lejos».

Escepticismo y colaboración de los científicos

Poco después, cuando las prácticas del espiritismo tuvieron derecho de ciudadanía, hacia 1869, la ciencia empezó a organizarse para defender las posiciones tradicionales. Se designó un comité de treinta y tres miembros de la London Dialectical Society (Sociedad Dialéctica de Londres), que tenían por misión analizar todos los detalles de las manifestaciones espiritistas, desde todos los ángulos, mediante todos los medios y todos los métodos científicos.

A partir de 1870, el espiritismo se vuelve más sistemático en sus prácticas. Ya no se contenta con hacer hablar o escribir a los médium y los espíritus para demostrar la existencia de estos últimos. Se había recurrido, en público, a las experiencias a las que los médium se sometían por parte de los científicos. Se apresuraban a demostrar que eran inocentes, que no habían cometido ninguna superchería y que eran totalmente honrados.

Había una cierta tensión en el aire de modo que los dos bandos se criticaban, se insultaban, se trataban de ignorantes, de hombres de mala fe, de dogmáticos. Los dos bandos se devolvían la pelota y los científicos se plantaban en sus posiciones dogmáticas.

Sin embargo, el mundo se sorprendió al conocer la brutal declaración del doctor William Crookes: «No sabría pronunciarme sobre la causa de los hechos de los que he sido testigo, pero estoy seguro de haber asistido a todo tipo de fenómenos físicos, como el desplazamiento de objetos, la producción de ruidos semejantes a los de las descargas eléctricas. Estos fenómenos no se pueden explicar por ninguna ley científica actual y constituyen un hecho que estoy seguro que no se relaciona con ninguna causa química. Todos mis trabajos científicos no son más que una larga serie de observaciones exactas y quisiera afirmar solemnemente que todos los hechos de los que hablo aquí son fruto de las investigaciones más escrupulosas».

Para ser exactos, hay que reconocer que Crookes ha utilizado a menudo conclusiones de la investigación realizada por la London Dialectical Society.

LA CIENCIA NO PUEDE DEMOSTRAR LA VIDA MÁS ALLÁ DE LA MUERTE

Tras tres años de estudios incesantes, el comité de la London Dialectical Society declara en 1871 que era totalmente posible «que hubiese un movimiento de cuerpo sólido sin contacto con la materia, gracias a algunas fuerzas actualmente desconocidas [...] que podrían ser fruto de la inteligencia».

En verdad, según la opinión de todos, el comité había invertido mucho tiempo para no decir gran cosa ni nada nuevo. Dicho esto, sus declaraciones eran mesuradas para no enfrentarse a nadie en ninguno de los dos bandos.

Pero no se puede dejar de pensar que les pasaba lo mismo a estos investigadores que a los del congreso: no se atrevían a reconocer oficialmente que había una vida después de la muerte y que los espíritus podían volver en determinadas ocasiones para dar su opinión y expresarse.

Es en estas circunstancias que el reverendo Stanton Moses funda en 1873 la Asociación Británica de Espiritismo que, once años más tarde, daría lugar a la Alianza Espiritualista de Londres.

En 1882 se creó en Inglaterra la Society for Psychical Research (Sociedad de Investigaciones Psíquicas, SIP) que debía realizar experimentos científicos relacionados con los fenómenos discutibles, como se les designa con un eufemismo. Esta denominación dice mucho sobre una voluntad deliberada de no comprometerse. Entre sus primeras conclusiones, destaca la convicción de que, pese al error y las trampas, existía una influencia real que era necesario estudiar para ver si la autosugestión intervenía en estos fenómenos.

Este reconocimiento fue suficiente para que eminentes científicos, filósofos y otros representantes de la cultura mundial uniesen su entusiasmo a las conclusiones de la Society for Psychical Research. No hace falta decir que lo mejor de sus esfuerzos se dedicó a los estudios del espiritismo y de sus manifestaciones. Contamos con los testimonios de esta energía, de este trabajo, puesto que se pueden consultar sus informes y debates hasta 1911; por otra parte, nos han llegado sus publicaciones, sobre todo las que describen las experiencias de los médium Léonore de Piper y Eusapia Paladino. Científicos y universitarios de Harvard asistieron a estas investigaciones, como el profesor W. James. La señora Piper recibía la visita de muchos de sus familiares y amigos difuntos que le revelaban detalles íntimos. Muchas otras personalidades estaban presentes, como el célebre profesor C. Richet, de París, C. Lombroso, de Turín, Henry Sidgwick, de Cambridge, etc.

También hay que destacar que en Europa ha habido otros médium de la clase y del talento de la gran Eusapia Paladino. Citaremos los nombres de Stanislawa Toniczyc, Kathleen Golighter, Marthe Béraud —que eligió el pseudónimo de Eva C.–, Franck Klouski, Willy S., Madame Silbert y Marie Vollhart, entre otros.

Todos consiguieron materializar espíritus de un modo tan realista que algunos espíritus sentados permanecían en estas sesiones como si fuesen personas vivas.

Recordemos que en Inglaterra, donde las investigaciones proseguían activamente, los adeptos del espiritismo pudieron contar con el apoyo de muchos científicos que se interesaban en estos fenómenos desde el principio. Por ejemplo, entre los grandes científicos que tuvieron el coraje de interesarse por estos fenómenos, se encontraba el precursor de Darwin, el gran naturalista Russell Wallace, que fue uno de los primeros en estudiar el aspecto científico de los fenómenos sobrenaturales. Lo hizo con la máxima honestidad del mundo, con investigaciones serias. Este interés se transformó pronto en convicción profunda, puesto que fue uno de los primeros en manifestar su adhesión al espiritismo.

LA COLABORACIÓN DE LOS MÉDIUM CON LOS CIENTÍFICOS

Atraídos por el prestigio de las dos mujeres médium a las que nos hemos referido más arriba, otros profesionales se ofrecieron como voluntarios para seguir realizando las pruebas que la Sociedad de Investigaciones Psíquicas (SIP) había emprendido.

El objetivo de la SIP era descubrir los factores humanos que desafían todas las leyes físicas. Según el primer presidente de esta asociación, el profesor Henry Sidgwick de Cambridge, el programa de la asociación era acumular un máximo de experiencias y de hechos que pudieran servir para establecer una doctrina completa del espiritismo y sus mecanismos.

Todavía hay un gran pudor en lo que respecta a la muerte y el espiritismo: pese a una voluntad de imparcialidad, a muchos les cuesta admitir que pueda existir una comunicación real entre los vivos y los muertos. Cuesta admitir que una parte de la personalidad humana sobrevive después de la muerte.

La experiencia de los miembros de la familia del profesor W. James con la mujer médium L. de Piper causó la más viva impresión y dividió al país: muchos creían que había truco y engaños, mientras que otros aseguraban que se trataba de una prueba irrefutable de la vida después de la muerte.

Así lo primero era verificar si las informaciones aportadas por los médium cuando estaban en trance eran auténticas o si estas informaciones sólo eran producto de las circunstancias, de hechos del azar. Cuando se comprobó una vez más que las informaciones de los médium eran auténticas, quedaba saber de dónde procedía tal masa de informaciones.

Así se preguntaban si se trataba de una forma de telepatía o si eran mensajes captados por los vivos pero que procedían de personas que estaban muertas. Esto constituía una variante de la telepatía. Algunos sostenían que los médium tenían suficiente poder para adivinar hechos que no conocían. Para otros, el espiritismo se asociaba desde el principio a prácticas de hipnosis o de magnetismo: en resumen, el espiritismo era similar a esas prácticas.

El espiritismo engloba una parte más importante que los simples fenómenos de telepatía: debe verse como una disciplina de pleno derecho, lo cual es el punto de partida de todo estudio serio.

¿Cómo se entra en contacto
con los espíritus?

El espiritismo es una disciplina difícil de practicar y requiere unos conocimientos elevados. Para entrar en contacto con los espíritus hay que tener conocimientos de médium, que son los conocimientos básicos. Ellos son indispensables para establecer una especie de puente entre los vivos y los muertos.

Para empezar, hay que conocer la naturaleza de los espíritus. Recomendamos realizar una lectura atenta de esta obra. No hay que despreciar los fundamentos teóricos de la doctrina del espiritismo y conviene aplicarlos de manera práctica, para familiarizarse con ellos.

La inquietud suscitada por el espiritismo y los médium

Hay que conocer la turbadora historia de la comunicación con la dimensión espiritual y la de las personas que, gracias a dones especiales, pueden entrar más fácilmente en contacto con los espíritus. No hay que olvidar que, desde siempre, el judaísmo y el cristianismo se han opuesto, incluso con violencia, a la comunicación de los humanos con los espíritus (excepto con Dios). Del mismo modo, estas religiones han rechazado siempre creer a aquellos que predecían el futuro, que leían los pensamientos de otros o que querían cambiar el orden de las cosas de una manera no natural; esto fue así hasta los siglos XVII y XVIII.

Incluso hoy en día se amenaza a todos aquellos que se interesan por los fenómenos sobrenaturales: se los condena al infierno o al ridículo. ¿Cómo evitar que la gente no rechace todo lo que concierne al espiritismo? Creen adoptar así una actitud inteligente, racional. Pero mucha gente es consciente de la existencia del espiritismo: saben que basta extender la mano, percibir el más allá de donde todos venimos, entrar en contacto con los muertos, sobrevolar las épocas, las estaciones...

ESENCIA DE LA DOCTRINA

Todo esto no cuestiona en absoluto las realidades de orden religioso. Los discípulos del espiritismo buscan simplemente entrar en contacto con los espíritus que se han encarnado: se trata de comprender la existencia de otra dimensión, de conocerla mejor. El método de investigación se ha vuelto más crítico, más riguroso.

A menudo, el espiritismo rechaza expresamente la visión religiosa de las cosas. Pero el espiritismo y las religiones tienen puntos en común, porque ambos desean saber si hay una vida después de la muerte. De ahí la necesidad para ellos de comprender, servir y participar. Así, en lo que respecta a los conceptos de Dios, las almas y la vida en el más allá, el espiritismo se basa en el espiritualismo de origen cristiano.

Pero el espiritismo ha tenido que modificar algunas ideas, según las revelaciones de las propias entidades espirituales que, hay que reconocerlo, no aprecian demasiado al clero. Algunos espíritus desencarnados me han revelado que si el Salvador volviese a la tierra, volvería a expulsar a los mercaderes fuera de los templos que ellos mismos han construido.

Los espíritus más puros, aquellos que poseen una aureola blanca, que representa la energía más potente, conservan la misma desconfianza respecto a los miembros del clero.

Las apariciones de santos raramente se producen ante sacerdotes: cuando eso sucede, los espíritus eligen siempre personas humildes, incluso si estas no poseen ninguna facultad de médium que pueda hacerlas aptas para percibir los mensajes de los espíritus.

EL ESPIRITISMO Y LA TRASCENDENCIA

Hay que precisar aquí que el espiritismo no toma de la religión más que la existencia de una vida después de la muerte: el espíritu posee el don de la inmortalidad y su destino depende de la voluntad del Creador. Y eso es todo.

Pero el espiritismo, libre de toda pretensión religiosa, ofrece muchas posibilidades y todo tipo de sorpresas. Aporta novedades y otras emociones que van más allá de la simple creencia en una realidad espiritual.

En efecto, el espiritismo es también una prueba de la existencia de muchos poderes que el ser humano posee. Estas facultades se agrupan bajo el término genérico de capacidades parapsicológicas. El espiritismo siempre se ha relacionado con otras prácticas adivinatorias, magnéticas o con la hipnosis.

Si se considera la vida material como un trayecto que deben recorrer las almas para alcanzar la perfección, hay que subrayar que el espiritismo sigue un código moral compuesto de diez principios o preceptos.

Los diez preceptos del espiritismo

Adoración. Es decir, amor de Dios sobre todo. Este principio se extrae de las Sagradas Escrituras, que afirman que Él es el Creador de los espíritus y que Él mismo es el Gran Espíritu.

Amor y justicia. No se puede amar a los demás si no nos amamos a nosotros mismos; sólo nos podemos amar a nosotros mismos si somos conscientes de la trascendencia de nuestro destino. No hay que perder tiempo lamentándonos de nuestra suerte, ni considerarnos como alguien importante y superior a los demás. Una persona así nunca encuentra ningún obstáculo, ningún pretexto para perdonar y hacer el bien.

Respeto. El hombre debe respetar su propia vida y la del prójimo para alcanzar la dimensión espiritual positiva. El que desea suicidarse y el asesino cometen uno de los pecados más graves contra la armonía universal. Su espíritu se degrada y ellos se mantienen en una escala muy baja.

Destrucción. El principio de destrucción es uno de los principios esenciales en el mundo de la materia, pero no en el mundo espiritual. Está unido de manera irrevocable a su contrario, el principio de generación.

Sociedad. El hombre sólo puede progresar si vive en sociedad, porque la vida en sociedad es común a la condición material y espiritual.

Igualdad. Entre los hombres y los espíritus, la igualdad original es completa: es como la igualdad que existe entre dos gotas de agua. Las desigualdades que se ven en este mundo son fruto de la ignorancia, del error y sólo son pasajeras. En la dimensión espiritual, las funciones se invierten: los primeros serán los últimos. Así, un hombre de negocios rico se encontrará convertido en mendigo, mientras que un hombre pobre ocupará un lugar más importante.

Libertad. El ser humano es esclavo de las contingencias de su cuerpo. El espíritu está relacionado, por su parte, con sus imperfecciones. Uno y otro accederán a la libertad más completa cuando hayan aprendido a vivir en armonía con todo y con todos. Habrán aprendido a servir a los demás y a volverse, gracias a esto, en amos de su destino. Como se puede ver, los extremos se tocan.

Progreso. El universo avanza, va hacia el progreso, según lo ha definido Dios, pese a todas las contrariedades. Ocurre lo mismo con el curso de un río. La felicidad consiste en saber aprovechar la corriente y no en luchar contra ella. Armonía es una de las palabras clave de la fuerza que actúa en el universo.

Reproducción. Es uno de los privilegios del ser vivo, que en un momento de su vida da nacimiento a seres similares a su persona. Cuando dos seres humanos se unen para dar vida a un niño, se llama al espíritu para continuar su existencia, ya que se vuelve a reencarnar. Así puede continuar su progresión hacia la perfección.

Trabajo. Condición ineluctable para tener éxito en la dimensión material y espiritual, el trabajo es indispensable para superar todas las pruebas, las etapas de la existencia, física y espiritual.

El infierno es estar lejos de Dios

Los adeptos del espiritismo no creen que el pecado o la ignorancia se castiguen con una temporada en el infierno. El bien que hacemos tampoco se recompensa con un mar de placeres. Dios no se ocupa de castigar o de recompensar a los hombres. El bien nos lleva a Él, cuya presencia es fuente de plenitud y de bienestar. El mal nos aleja de Dios y conduce al hombre al sufrimiento: la falta de amor. Aquel que ama es invencible y se eleva. Aquel que odia a los demás se quema y se consume inútilmente. El adepto del espiritismo que tiene la oportunidad de estar en relación con los espíritus que aman se enriquece; pero aquel que está en contacto con una entidad mala corre un grave peligro.

No hay fórmula mágica para formar a buenos adeptos del espiritismo. La primera característica del espiritismo es que no se pueden dar fórmulas rituales ni métodos infalibles para aquel que desea perfeccionarse en este ámbito. Hay muchas dificultades y muy diversas según las personas, los ambientes, las circunstancias.

El mejor camino a seguir, para el debutante y para el simple observador que desee informarse sobre el espiritismo, es participar en grupos y círculos de adeptos del espiritismo ya constituidos. Debe apelar a estos para experimentar directamente las manifestaciones de los espíritus y determinar si posee o no cualidades de médium.

¿CÓMO DETERMINAR LAS CUALIDADES DE MÉDIUM?

Hay que subrayar desde el principio que el médium es aquel que posee la facultad de percibir y emitir comunicaciones en la dimensión espiritual. No se trata realmente de un don o de un privilegio exclusivo, maravilloso: esta facultad tampoco es peligrosa, como se ha creído durante mucho tiempo, desde hace milenios. Mucha gente la posee incluso si, por falta de entrenamiento, solo algunas personas la pueden utilizar de manera inteligente, clarividente.

Ya no hay que sorprenderse porque algunas personas puedan producir una materia que tiene una relación con la dimensión inmaterial: esta materia se secreta cuando esta persona entra en contacto con los espíritus, que pertenecen a otra dimensión. La realidad inmaterial se expresa a través de la materia.

Así, de manera general, la producción de una arcilla psíquica o ectoplasma es algo bastante corriente. Es una sustancia blancuzca y viscosa a veces, y también más fluida en otros momentos. Los médium o las personas más sensibles a las realidades paranormales producen esta sustancia. Gracias a ella, los espíritus se manifiestan y toman la forma de animales reales o inventados, o también de objetos diversos. Hay un momento de fusión entre el periespíritu del médium y la esencia del espíritu, que pertenece a la dimensión inmaterial.

Es gracias a la energía en forma de fluido que el hombre puede entrar en contacto con el universo y con el ámbito de los muertos: esto es lo que logran hacer los adeptos del espiritismo y los médium de la Antigüedad, que los egipcios llamaban *Ka*.

El puente que sirve de vínculo entre los vivos y los muertos está compuesto de esta energía: los espíritus desencarnados la utilizan también para adoptar una forma humana, la que habitarán durante su vida.

Las materializaciones del espíritu pueden ser totales o simplemente parciales: en general, son parciales. Entonces se ve cómo se forma una mano, un rostro o cualquier otra parte simbólica del cuerpo, que el espíritu desea representar.

Evidentemente, se ha conseguido tomar fotografías o huellas de cera o de parafina para conservar una prueba sensible de estas manifestaciones (puesto que desaparecen, desde que el espíritu desaparece, desde que el médium deja de estar en trance). Pero estas pruebas sensibles también han sido rechazadas, puestas en cuestión. Así ha sucedido con las fotografías de rostros y cuerpos, como la del fantasma de *miss* King, pese a la autentificación de Crookes.

¿EN QUÉ CONSISTEN LOS PODERES DEL MÉDIUM?

Para empezar a hablar de estos poderes, hay que subrayar que no son tan exorbitantes como se ha dicho. Naturalmente, no se trata de poderes a disposición de todo el mundo: hay que dedicarles tiempo, esfuerzos y tener fe, lo cual no es habitual hoy en día.

Los grandes maestros del espiritismo han intentado explicar en qué consiste la fuerza que une el cuerpo al espíritu y que posee muchas aplicaciones. Han hablado de diversas fuentes de energía: algunas cuentan con el testimonio de los hombres de ciencia. Otras se han puesto en evidencia por los maestros del espiritismo, como la fuerza psíquica, revelada por Crookes y de la cual formuló la teoría. De hecho, Crookes era también un hombre de ciencia que tenía muchas relaciones con los espíritus, sobre todo con *miss* Kathie King. Según esta teoría, fruto de sus muchas experiencias, el médium posee «una fuerza o poder gracias a la cual algunos seres dotados de inteligencia pueden provocar los fenómenos observados».

Recordemos la teoría de Léon Denis sobre las radiaciones psíquicas. La expuso en París en 1900, durante el Congreso Internacional de Psicología: según Denis, el ser psíquico puede exteriorizarse o separarse del cuerpo humano. Esto tiene consecuencias en el ámbito del espiritismo.

La teoría de la reverberación expuesta por Gorres cuenta con muchos adeptos: sirve para explicar algunos estados del espíritu. El pensamiento del magnetizador, según Gorres, puede separarse de él y reflejarse en el espíritu de la persona que sufre este magnetismo. Así, esta persona responderá según el estado de espíritu del magnetizador: sus respuestas sólo serán una copia de los pensamientos del magnetizador.

Todo el mundo conoce el valor esencial, en el ocultismo, de la teoría del cuerpo astral definido por el doctor Encausse, más conocido bajo el nombre de Papus. Entre el cuerpo y el espíritu, habría una entidad provista de órganos y de facultades específicas. Se trataría del cuerpo astral, cuya misión sería unir el cuerpo, la materia, al espíritu. Define la elaboración de todas las fuerzas orgánicas y muy concretamente del influjo nervioso. Entre la gente que tiene facultades de médium, este influjo nervioso es muy vigoroso.

Existe también la creencia en el *od*: el espíritu sería una fuerza inherente al ser humano. Este nombre lo inventó el barón Reichenbach. El *od* sería un agente que penetra en todas las sustancias, un poco como el espíritu de Dios. Según la teoría de los adeptos del espiritismo, este fenómeno explica todo lo que se produce gracias a la intervención directa de los espíritus: estos son las almas de los muertos, que los sujetos con capacidades de médium invocan para entrar en contacto con ellos.

En todas estas teorías se encuentra consignada la verdad sobre el periespíritu y la emanación energética del hombre. De hecho, son lícitas muchas hipótesis, vistas las interpretaciones que abundan desde hace un siglo sobre este tema. En general, estas teorías bastan para explicar y ofrecer un resumen de las propiedades que la naturaleza concede al hombre, propiedades ocultas que conocen perfectamente los médium y que utilizan conscientemente o no.

FANTASMAS, ESPÍRITUS EN BÚSQUEDA DE MÉDIUM

Sin embargo, hay que considerar esta capacidad como algo superior y no como un simple privilegio: como hemos recordado más arriba, el cuerpo sólo es un instrumento, un vehículo entre tantos otros en los que el espíritu intenta realizarse, llevar a cabo la misión que se le ha confiado. Es gracias al cuerpo que el espíritu puede viajar, desplazarse también en el mundo de la materia. En consecuencia, deberá ausentarse, salir de la dimensión material, hasta que pueda fundirse en otro cuerpo en el que seguirá trabajando en la búsqueda de los méritos que debe acumular.

Evidentemente, el espíritu se beneficia de una duración de vida media para cada cuerpo. A veces esta duración se revela insuficiente, se ve interrumpida por circunstancias externas (accidentes, obstáculos): así, el espíritu debe permanecer entre los vivos, en el entorno en el que ha vivido para completar su misión o saber simplemente qué le ha pasado y dónde está.

LO QUE SON Y LO QUE NO SON

Los médium naturales a veces son personas que padecen trastornos físicos e incluso mentales. Pero a menudo basta un ambiente lleno de sufrimiento, de soledad, de desesperación: es el caso de las cárceles, de algunos conventos, donde los espíritus encuentran un terreno favorable para manifestarse.

Pero por lo que respecta a los médium, es evidente que no se trata ni de brujos, ni de santos que hacen milagros, ni tampoco de instrumentos del demonio. El espiritismo simplemente ha conseguido revelar las facultades en apariencia tan extrañas del médium y a utilizarlas. Es la disciplina que permite a los mejores de todos los hombres entrar en contacto con los espíritus, que son la otra faceta de la existencia, de la realidad humana. El médium no se distingue de los demás por ningún signo externo. Cuando la facultad del médium se manifiesta, lo mejor es dejar a la naturaleza seguir su curso, sin intentar intervenir.

Condición física del médium

Sin embargo, hay una cualidad especial y específica en el organismo del médium. La glándula pineal está mucho más desarrollada en el médium y le ofrece la posibilidad de emitir y de recibir la acción de los fluidos del periespíritu de las personas que no se han encarnado.

La cualidad de médium es una cualidad que todos poseemos, más o menos, pero que es susceptible de desarrollarse gracias a un trabajo de la memoria: es lo mismo que sucede con la solución de problemas matemáticos, no es necesario notar nada especial.

Se trata de una facultad que no tiene nada que ver con la moral, con la bondad de la gente o con su cultura. En general, los espíritus superiores prefieren entrar en contacto con un médium, si es posible, cuyas cualidades morales sean elevadas. Del mismo modo, un erudito prefiere transmitir un mensaje a su colega gracias a un intermediario cultivado y no a través de una persona que sólo podría farfullar algunas palabras inexactas. No se necesitan cualidades morales, sino más bien la posibilidad de entrar en contacto con el periespíritu.

Hay personas que no intentan conocer el estado de su progresión espiritual, pero que están dotadas de la facultad de médium. Del mismo modo, desde la Antigüedad hay personas que poseen un mínimo de capacidades intelectuales que pueden ser excelentes médium: este fue el caso de la célebre Eusapia Paladino.

También es cierto que lo que es una facultad mental poco normal puede confundirse con los síntomas de una enfermedad física o mental. Es totalmente posible que una enfermedad orgánica o un estado de debilidad generalizada puedan contribuir a acentuar las cualidades innatas del médium. Pero ellas no constituyen nunca la causa primera que pueda explicar los poderes del médium.

DISTINCIÓN ESENCIAL ENTRE EL VERDADERO
MÉDIUM Y EL MÉDIUM OPCIONAL

Normalmente, los espíritus se manifiestan de manera espontánea en aquellos que han nacido con facultades de médium sin que se pueda explicar por ello las cosas extrañas que se desarrollan en su presencia. Esta facultad puede aparecer no importa cuándo, aunque en general sucede en la adolescencia, incluso en la infancia. Existen lo que el espiritismo llama los médium naturales, para diferenciarlos de los demás médium, llamados médium opcionales. Aquellos desarrollan sus capacidades gracias a los ejercicios de concentración, las prácticas constantes que tienen como objetivo suscitar los fenómenos sobrenaturales. Lo consiguen llevando una vida sana, con una buena higiene alimentaria y evitando los estimulantes de todo tipo. Es también gracias a su voluntad, puesto que no poseen cualidades naturales específicas. Pero la diferencia entre ambos es que los médium llamados naturales producen efectos físicos, como golpes, levitaciones de objetos, etc.

En general, estos fenómenos tienen lugar sin la voluntad expresa del médium y en no importa qué momento. Las personas implicadas no están necesariamente al corriente de sus capacidades y, al principio, se asustan por las cosas que les suceden. Recordemos que este fue el caso de la primera familia que dio lugar al resurgimiento del espiritismo, la familia Fox. Sus hijas te-nían los dones sin darse cuenta, de manera natural, lo cual causaba toda la agitación de la que hemos hablado antes. Lo que hay que destacar con relación a la condición de médium es que las manifestaciones físicas espontáneas son casi siempre provocadas por espíritus inferiores, a los que les gusta burlarse de la gente, hacer bromas.

Sus bromas son casi siempre fastidiosas, por ejemplo, aflojan las bombillas, cambian las cosas de lugar, apagan el fuego en las cocinas y dejan el gas abierto. También les gusta abrir las puertas y las ventanas del baño cuando alguien está en la ducha, sustraer y robar documentos importantes. En estos casos, la persona que juega el papel de médium corre un grave peligro, porque puede acabar como víctima de los juegos del espíritu: sucede lo mismo con las personas de su entorno, que pueden pensar equivocadamente que el lugar o el médium están poseídos por el demonio.

Lo que puede hacer un médium que posea un buen conocimiento y una sólida experiencia con los espíritus es hacerles frente para conocer mejor sus intenciones y la razón por la cual se muestran bajo un mal aspecto.

El médium más potente es el médium natural que, a fuerza de práctica y de entrenamiento, se convierte en un médium opcional. Así es posible que esta persona entre en contacto con los espíritus y produzca algunos efectos a voluntad: las manifestaciones espontáneas desaparecen para él. Por otra parte, hay que decir que las cualidades de médium varían siempre con el tiempo: pueden disminuir o, por el contrario, desarrollarse.

Es como si la edad física permitiese a los efluvios del periespíritu manifestarse fuera del ámbito físico que le corresponde, es decir, el cuerpo. Por el contrario, entre los adolescentes, la sustancia del periespíritu es más exuberante, más densa en cierto modo.

Las facultades del médium sólo son un desbordamiento del periespíritu, pero también dependen de su organismo, su salud, su edad, como hemos dicho más arriba. Sin embargo, es verdad que gracias a esta facultad, el médium domina a más o menos largo plazo un don excepcional y muy revelador.

No debe haber incompatibilidad entre el espíritu y el médium. El poder de recepción es el propio del médium; el de transmisión, el propio del espíritu. Eso quiere decir que solo el médium posee la facultad de desencadenar la comunicación mientras que la decisión y la voluntad de manifestarse son de parte del espíritu. Cuando un espíritu rechaza a un médium, este se queda sin recursos, es como una radio sin pilas; incluso los médium más dotados experimentan interrupciones que pueden durar varios meses.

Tampoco es raro ver cómo se desarrollan incompatibilidades entre un espíritu y el médium.

Separados de la materia, los espíritus no pueden intervenir de ninguna manera sobre la naturaleza viva si no pueden ejercer su voluntad sobre un elemento, material, que pueda servir de punto de contacto.

Este puede ser un objeto, en los casos de *poltergeist*, o una persona para las manifestaciones más inteligentes. En este caso, utilizan los cinco sentidos para poder manifestar su presencia: el gusto y el tacto, por ejemplo, se solicitan a menudo en las sesiones de espiritismo.

Por consiguiente, la mediación de un ser vivo casi siempre es indispensable, sea o no voluntaria. El médium cumple esta función gracias a la fuerza fluida de su periespíritu. Pero, queremos insistir sobre este punto, es perfectamente posible que un médium, incluso de los más experimentados, no pueda atraer a algunos espíritus concretos o que pertenecen a una determinada categoría. Es el mismo fenómeno que se desarrolla en la vida concreta, de todos los días.

Una persona que tiene un nivel cultural y moral bastante elevado no se siente muy cómoda en compañía de gente más humilde que ella, que no tienen las mismas capacidades mentales.

Charlatanismo e impostura: ¿cómo detectarlos?

En los casos de impostura más frecuentes, se fuerza en cierto modo al médium a invocar a un espíritu superior a su persona. Si el médium es honrado se le verá luchar inútilmente por establecer un contacto con el espíritu invocado: si es un impostor, intentará fingir una conversación con él. Algunos espíritus invocados se presentan y responden de cualquier manera a las preguntas, sin demostrar ninguna inteligencia.

Del mismo modo, hemos visto cómo una mujer médium, que no tenía ninguna fineza, prestó su voz para que la Virgen María pudiera dirigir un mensaje a cientos de fieles que se habían reunido para asistir al milagro. Se trataba de una gran superchería. Al principio, esta mujer, que se encontraba en un trance profundo, hizo algunas alusiones a la política mundial y, en consecuencia, empezó a criticar a varios habitantes del pueblo sin nombrarlos. Pero se daba el caso que todos aquellos de los que había hablado se encontraban allí. No obstante, la credulidad de la mayoría de los asistentes no les permitía discernir la falsedad de estas declaraciones que eran incompatibles con los mensajes de amor, de sabiduría, que la Virgen les ofrecía durante sus apariciones.

A menudo, un médium honrado se vuelve tarumba por culpa de un espíritu maligno cuyo único objetivo es hacer fracasar todas sus tentativas. Al principio, se hace pasar por el espíritu invocado, sabiendo muy bien que no podrá responder a las preguntas que se le hagan o responde cualquier cosa, para ridiculizar al médium. Aquel, pues, está totalmente perdido. En un caso tan delicado como el espiritismo, el menor error, la más mínima duda de superchería, posee una potencia devastadora. Así, la gente que participa por primera vez en una sesión de espiritismo termina por creer que es una superchería y deciden no asistir nunca más. Jamás confiarán en el médium: los demás asistentes tampoco y el médium no sabrá tampoco qué ha pasado.

Esto demuestra la necesidad de que una persona experta asista a todas las sesiones: ella sabrá distinguir la acción de los espíritus inferiores y suministrar las pruebas de lo que ello supone.

La experiencia permite a los médium tener un comportamiento claro, abierto y transparente. Todos los centros y los círculos de adeptos del espiritismo se esfuerzan por mantener un prestigio obtenido gracias a una severa autocrítica que les permite examinar atentamente los mensajes que reciben. Si se tiene cualquier duda sobre la calidad y la procedencia de los mensajes que se han visto y experimentado durante una sesión, se rechaza el mensaje: durante la sesión siguiente, se interroga al espíritu para desenmascarar las astucias del espíritu embustero.

LAS PRUEBAS DEL ESPIRITISMO

De hecho, muchos hombres de ciencia no dejan de llamar a las puertas de todas las asociaciones que se dedican al espiritismo con el objetivo de ser los primeros en descubrir que todo es una farsa o una ostentación de capacidades mentales totalmente explicables, como la telepatía. La gente que quiere formar parte de una asociación de este género no puede evitar ser incrédula y tener miedo al ridículo. Pero hay que reconocer que todos pueden ser víctimas un día u otro de un fraude. Las pruebas que producen los charlatanes no faltan. Incluso actualmente, los buenos médium se someten gustosamente a todo tipo de exámenes científicos, hechos por gente a quienes les gustaría actualizar la falsedad de las creencias en una dimensión inmaterial.

La verificación de los mensajes es una tarea laboriosa, complicada: ello exige una auténtica voluntad de lucha contra la astucia y el ardid de los espíritus negativos. En general, es una labor larga e ingrata que no siempre satisface al espíritu o a la persona.

ENTRE EL PODER FÍSICO Y EL PODER ESPIRITUAL

Por lo que respecta a la comunicación, el médium posee la facultad, mientras que el espíritu posee la voluntad de comunicarse. Esta relación podría explicarse en el ámbito mismo del espiritismo y también fuera de este con relación a otros fenómenos paranormales, como la transmisión del pensamiento, por ejemplo.

Pero lo más sorprendente se produce durante las manifestaciones de carácter físico. ¿Qué sucede, para retomar uno de los casos más conocidos, en el fenómeno de las mesas que giran? Allan Kardec hizo la pregunta varias veces a los espíritus y obtuvo una respuesta que difícilmente pueden comprender las personas que no imaginan la existencia sin el peso ni la potencia del cuerpo.

La explicación era la siguiente: los espíritus no poseen ni brazos ni piernas para ejercer ninguna función sobre la mesa. Tampoco pueden concederle la vida, algo que ningún espíritu no puede hacer solo. Pero los médium que producen efectos físicos irradian su energía, que los espíritus utilizan para tener una influencia sobre la materia.

«Mi fuerza es de este mundo, pero yo ¡no!»: esto es lo que nos decía, hace algunos años, un espíritu generoso y paciente. Los fenómenos que el espiritismo produce dependen de la voluntad y del pensamiento del espíritu. Pero sólo pueden materializarse gracias a la fuerza psíquica que posee el organismo del médium. Los espíritus no pueden extraer esta fuerza del cosmos o de las fuerzas de la naturaleza porque esta energía sólo existe en el periespíritu que une el alma y el cuerpo. Sin esta fuerza, cuyas aplicaciones y manifestaciones son numerosas en la gente normal, toda espiritualidad sería imposible.

MODOS DE COMUNICACIÓN DE LOS ESPÍRITUS

Hay dos maneras en que los espíritus pueden comunicarse: gracias a los efectos físicos o a través de las vías propias que existen en los hombres, la palabra y la lectura.

Los efectos físicos se reducen a las manifestaciones audiovisuales, que pueden ser simples ruidos o acciones caóticas, incoherentes.

Entre una y otra posibilidad, se encuentran los mensajes inteligentes.

Era el caso del sistema que la familia Fox había establecido con el fantasma, basado en los golpes que se correspondían con las letras del alfabeto. Esto permitía al espíritu responder sí o no a las preguntas simples.

En consecuencia, se utiliza el mueble que se convertirá en la referencia de toda manifestación sobrenatural (en una sesión de espiritismo): la mesa. Llegó a ser el instrumento ideal, investido de la energía biomagnética o surgido del periespíritu de los médium, cuyas patas se utilizaban para dar golpes cargados de sentido.

Hacia la escritura automática

A continuación, se adoptó una segunda mesa, la mesa o tablero llamado *Ouija*, oráculo místico o mesa del espiritismo: al asumir la energía del médium, permite el desplazamiento de una ficha que recorre la tabla y designa las letras del alfabeto o adverbios como *sí* o *no*. También se puede detener en números como 100 o 1.000. Esa ficha ya es un instrumento en sí mismo, independientemente de las funciones del Ouija propiamente dicho: es uno de los primeros instrumentos del espiritismo. De forma oval, raramente cuadrada, mide unos quince centímetros de diámetro, para dejar lugar a los dedos del médium y de los asistentes.

Gracias a la entidad espiritual que está presente puede moverse primero lentamente y después más deprisa. Sin que sea necesario que el médium diga una palabra, la ficha se desplaza de derecha a izquierda y hace mover objetos. Cuando se produce la asimilación del fluido entre el espíritu y los asistentes, el objeto ya no necesita el contacto: la sola acción del pensamiento le basta.

Al principio, se creía que las fichas hechas de hueso darían un mejor resultado a causa de la idea de muerte que parecían sugerir: pero rápidamente se observó que las fichas de madera dan los mismos resultados.

No hay ninguna diferencia si se fija un lápiz o un bolígrafo a un papel, al menos si se atan con fuerza. Hay que evitar hacer oscilar el conjunto, porque crearía dificultades suplementarias: hay que decir que la escritura de los espíritus presenta defectos; puede estar trazada como un círculo, de ahí la necesidad de girar la hoja. A menudo hay que hacer un esfuerzo, porque la escritura no es muy clara.

Esta dificultad parece obedecer a los principios que hacen funcionar los lóbulos del cerebro que, en la dimensión espiritual, parecen seguir un principio opuesto. Esto confirma, dicho sea de paso, la tesis de los magos de la Antigüedad que consideraban el universo como un enorme cerebro que, a la manera del cerebro humano, se divide en dos partes. Las dos partes se corresponden a las dimensiones física e inmaterial: se simbolizan por la verdad del signo de los Géminis, que refleja los dominios de lo divino y de lo espiritual.

Pero, en resumen, para no alejarnos de nuestro tema, es decir, el tema de la escritura automática, recordemos a aquellos que desean iniciarse en esta forma de invocación que hay que utilizar la misma ficha o tablero de Ouija. Al final de este tablero se encuentra un orificio en el que se puede introducir un lápiz o un bolígrafo. Así, cuando el médium pone sus manos sobre el tablero y el espíritu la mueve, la punta del lápiz o del bolígrafo indica las letras o las cifras que sirven para componer el mensaje.

La sensibilidad o la experiencia del médium a veces hacen superfluo el recurso del tablero. Es el caso de los espíritus escritores cuya mano vuelve a transcribir los mensajes del espíritu directamente.

UNA VARIANTE DE LA ESCRITURA AUTOMÁTICA DIRECTA

La escritura presenta parecidos con la escritura habitual del médium: se diferencia según la acción del espíritu. Así, el médium es una vez más el intermediario que transmite la acción del espíritu y dirige maquinalmente su mano, sin conocer siempre el contenido de lo que escribe.

Como ya hemos dicho más arriba, el contacto entre el médium y el espíritu resulta esencial: es indispensable conocer bien el espíritu para establecer una afinidad entre ambos.

En resumen, se necesita un grado común de simpatía entre el hombre y el espíritu invisible. Esta simpatía debe ganar a todos los asistentes, pues si uno de ellos es hostil o reticente, toda la reunión se verá comprometida.

Hay que recordar que, si no se ha establecido una relación previa con un espíritu, vale más dirigirse primero a un pariente o a alguien cercano: aquel vendrá más fácilmente, sin demora. A veces, el espíritu invocado no tiene la fuerza suficiente para guiar la mano del médium. Entonces, conviene incluir en toda invocación el espíritu familiar, que se encuentra siempre cerca y que vendrá inmediatamente. El espíritu familiar se manifiesta a menudo de manera espontánea para prevenirnos de un peligro o evitarnos caer en una trampa o un error: naturalmente, eso sólo sucede si se poseen las facultades de médium descritas más arriba.

PERIODO DE FORMACIÓN Y DE ENTRENAMIENTO PARA EL MÉDIUM-ESCRITOR

Por otra parte, para poder desarrollar esta facultad de escritura directa, el médium debe someterse a un período de aprendizaje en el que la perseverancia y la paciencia juegan un papel esencial. Se puede acelerar este proceso con la ayuda de un médium que posea ya una gran experiencia; se limitará a colocar sus propias manos o sus dedos sobre la mano de aquel que aprende a escribir de esta manera. En estas condiciones, la mano del aprendiz se transforma en un apéndice del médium formador, que en realidad recibe él mismo el mensaje. Este apoyo del médium a veces se obtiene simplemente cuando el médium formador coloca su mano sobre el hombro del neófito, o por la simple acción de la voluntad.

El proceso que hay que seguir es muy simple: basta tomar papel y lápiz; cuando el espíritu se presenta a la invocación, la persona que va a escribir siente un ligero temblor, en el brazo y en la mano.

Al principio, sólo se obtienen trazos sin significado ni orden. Muchos espíritus mandan hacer diferentes figuras a la mano que escribe, para ponerse en condición de escribir y para establecer una relación directa con el escritor. Se trata de probar el nuevo instrumento, como cuando se prueba un bolígrafo antes de comprarlo.

El médium que escribe debe evitar toda posición que pudiera molestar a su mano o cualquier otro objeto. Es preferible no dejar la mano o el brazo reposar completamente sobre la mesa o sobre el papel. El lápiz debe apoyarse suficientemente para poder trazar las letras, pero sin exceso.

Cuando el médium está listo, los espíritus entran en contacto con él, por escrito y espontáneamente. Pero, al principio del aprendizaje, el médium y el espíritu deben vencer algunas dificultades antes de establecer un contacto fluido, comunicativo. Para facilitar la comunicación, hay que hacer una pregunta cuya respuesta sea sí o no. La pregunta debe ser breve, si es posible.

La escritura que se obtiene es, en general, perfectamente legible, clara; las palabras se distinguen y están separadas. Con frases cortas se llega a llenar una página entera e incluso más. Algunos médium obtienen textos más difíciles de descifrar, incluso les cuesta llegar a leer la escritura. Si se obtiene un término o una frase poco inteligible, siempre se puede pedir al espíritu que repita, reescriba lo que no está claro. Al final de la comunicación, cuando el espíritu ha acabado de transmitir lo que quería decir, la mano permanece inmóvil sobre el papel y el médium no podrá obtener una palabra suplementaria. Es lo que sucede también cuando el espíritu no desea responder a otra pregunta. Del mismo modo, si los asistentes desean concluir la sesión y el espíritu no, entonces la escritura se prosigue y el espíritu sigue empujando el lápiz, a veces incluso sin que la mano se pueda detener.

La comunicación oral con el espíritu se puede obtener con o sin la participación del médium. Lo mismo ocurre con la escritura, que a veces se obtiene sin la mano del médium. Así, se coloca papel y un lápiz sobre la tumba, bajo la estatua o el retrato de un personaje y, algunas horas después, hay un nombre, un mensaje u otro signo.

Estas comunicaciones son fenómenos sobrenaturales muy sorprendentes. Pero no sustituyen a un intercambio de ideas, una conversación apasionada entre un espíritu y un hombre. Por eso los médium escritores son muy numerosos en los círculos que practican el espiritismo.

Para aquellos que deseen dedicarse a este género de escritura directa, no hay que olvidar que la invocación de los espíritus es siempre indispensable: hay que solicitarlo a los espíritus y mostrarles una buena voluntad de aprender. Las fotografías de seres queridos y desaparecidos, la tumba que contiene sus restos mortales y las estatuas son medios que facilitan la invocación de los espíritus.

Se puede obtener el mismo resultado guardando una hoja de papel en una caja con llave, en la sala en la que se encuentran reunidos los asistentes: a continuación hay que evocar el espíritu y esperar el tiempo necesario hasta que aparezca un resultado.

Simplicidad y limitación del sistema de los golpes

El sistema que consiste en dar golpes puede parecer demasiado simple, rudimentario e incluso indigno de una inteligencia que se encuentra en un nivel que podemos juzgar avanzado. No obstante, las cosas no son siempre tan simples y queda mucho que aprender sobre este tema.

Para empezar, hay diferencias enormes entre los espíritus. Aquel que hace ruidos en el interior de un objeto pertenece a un rango inferior. Hay espíritus a los que les gusta divertirse y burlarse de los seres humanos. Los otros espíritus más educados utilizan este medio de comunicarse si no hay otra solución: prefieren comunicarse gracias a las letras del alfabeto, cuando no pueden escribir directamente lo que desean. Optan por la escritura a causa de su rapidez y de su precisión.

Pero, de todos modos, el espíritu debe contar con un medio para comunicarse. Para ellos es tan difícil comunicarse mediante un objeto que no les es familiar como para un diestro aprender a escribir con la mano izquierda. De hecho, muchos espíritus deben superar grandes dificultades: dar golpes inteligibles representa un gran obstáculo que les encanta superar con tino. Los golpes tienen un significado, según el número que se ha definido previamente. Tradicionalmente, un golpe corresponde a sí y dos golpes a no.

Para el alfabeto del espiritismo, la cosa es un poco más complicada: hay que establecer una norma al principio de la sesión con el espíritu, es el médium quien se encarga.

Los golpes pueden pertenecer a dos categorías: pueden darse con un objeto que se mueve gracias al espíritu, como una mesa que se pone en movimiento, acaba por elevarse y después golpea el suelo con una de sus patas. Otra manera de comunicarse es hacer resonar golpes en el seno de un objeto.

Los espíritus que acaban de desencarnarse son mal recibidos. Hay que decir que a menudo son espíritus que poseen facultades poco desarrolladas, sobre todo cuando todavía no se han separado de algunos rasgos que tenían durante su última encarnación. A menudo reciben el desprecio de otros espíritus superiores.

La primera dificultad es distinguir los crujidos que no tienen nada que ver con los espíritus y que pueden inducir a los asistentes al error. Los respuestas pueden ser completamente diferentes: un sí se convierte en un no, las letras se acumulan o se mezclan. En el mejor de los casos, es preferible utilizar el método de los golpes internos, porque el ruido es más fácilmente localizable. Si los golpes se dan en una caja, se les podrá identificar rápidamente.

LIMITACIÓN DEL MÉTODO DE LOS GOLPES ALFABÉTICOS

Otra dificultad consiste en saber dialogar mediante un método tan laborioso.

Hay que recordar que, si para representar la letra *a* basta un golpe, se necesitarán dos para la letra *b*, tres para la letra *c*. A medida que se avance en el alfabeto, la tarea se convierte en pesada y desagradable. El debutante calcula con desaliento el tiempo que necesitará para hacer palabras con las letras *s, t, v* e incluso la letra *z*.

Las transmisiones son muy largas. En general, se dedican varias sesiones antes de haber agotado un tema. Pero hay que considerar el aspecto positivo del asunto: para los observadores más escépticos, que en espiritismo son legión, las dudas pueden desaparecer. En efecto, los golpes que afirman o que niegan pueden ser fraudulentos o el resultado de una impostura. Pero una comunicación con las letras del alfabeto necesita la intervención de un ser inteligente.

Para reducir el principal defecto, que es la lentitud del sistema, se pueden imaginar varios métodos destinados a reducir el tiempo que puede pasar. Así, a veces, cuando se conocen las primeras letras, se adivina el resto de la palabra y entonces se puede interrumpir al espíritu para pedirle si se trata de la palabra que ha escrito. Del mismo modo, cuando se conocen las primeras palabras de una frase, se puede deducir la frase entera. Cuando se designa el número de golpes al principio, algunas letras se pueden representar con el mismo número de golpes, como las letras *b, v, w, n, i, y, c, s, z*. Las palabras serán perfectamente comprensibles.

En resumen, hemos visto hasta este momento la posibilidad de comunicarse mediante signos y señales emitidos por las entidades espirituales.

Es la manera semiótica de comunicarse. Existe también el método de los golpes, que se parece al sistema Morse. Por último, hemos hablado de la escritura directa o indirecta que, de hecho, es la manera más noble y más elevada de comunicarse.

¿Cómo se desarrolla
una sesión de espiritismo?

Centrémonos en el lugar de las invocaciones y las manifestaciones, de preguntas y respuestas que generalmente son bastante desconcertantes. Allan Kardec decía que esta sensación de impotencia e incluso este disgusto que sentimos después de haber interrogado a los espíritus del más allá procede del hecho que siempre les pedimos cosas de orden material que, por definición, piensan en términos inmateriales. Estos espíritus hacen muchos esfuerzos para recordar el modo de vida que llevan los humanos, lo que les interesa. Hay que ver para creer, nos dicen, pero ellos poseen ya una creencia absoluta, aunque por su condición o su rango inferior no ven todavía aquello que todos nosotros esperamos ver al final de nuestra vida física: Dios. Se constata a menudo que la única ventaja de algunos espíritus sobre los hombres es que creen sin emitir la sombra de una duda. También podemos encontrar espíritus tan ignorantes que cualquier ser humano sería superior.

Cuentan con otras ventajas, como resultarnos necesarios mientras que ellos no dependen de los seres humanos. Por eso hay que añadir que los espíritus sólo acuden si sienten alguna afinidad con el médium y las personas que asisten a la reunión. Esta afinidad está compuesta de varios criterios, como ya hemos explicado: concierne a las cualidades del periespíritu y al carácter propio del médium y del espíritu. Todo ello depende de la naturaleza que tenga el espíritu cuando estuvo encarnado por última vez y también mucho del signo del zodiaco de esta persona.

Hay que reconocer que los espíritus superiores sólo se manifiestan en una asamblea dispuesta a recibir sus enseñanzas. Las reuniones que se desarrollan entre amigos, que tienen un carácter frívolo, son casi siempre ignoradas por los espíritus. Para ser normal e interesante, una reunión debe hacerse con el mayor respeto.

Características del lugar

El lugar en el que se desarrollan las sesiones de espiritismo no debe responder a ninguna exigencia especial. Basta un lugar tranquilo, silencioso, favorable a un ambiente de recogimiento. Los ambientes lúgubres, preparados especialmente, a veces pueden estimular la imaginación de los asistentes: pero no tienen la más mínima influencia sobre los espíritus y son uno de los principales signos de la falta de seriedad.

Cuando son los espíritus los que recomiendan la creación de una atmósfera de ultratumba, fantasista y cargada, es que todavía están bajo la influencia de las ideas que los vivos se hacen sobre el más allá. O que simplemente se quieren burlar de los ingenuos. Para los espíritus evolucionados, el pensamiento representa la única cosa válida; la materia y las formas, las apariencias, no cuentan.

La producción de algunos efectos, como los fenómenos de materialización, hacen necesaria la existencia de una semioscuridad en la pieza. Esto suscita dudas en los ignorantes que no saben que una de las características de los fenómenos sobrenaturales es sólo aparecer de manera evidente en la penumbra. Es el caso de las imágenes formadas a partir de ectoplasma. Lo mismo sucede con la fotografía. En primer lugar, si se produce una aparición muy confusa, cuando la pieza está inundada de luz no es perceptible del todo. Esto sería comparable a una iluminación débil que intentara competir con una luz más potente. Los fotógrafos profesionales saben lo que sucede cuando se toman fotografías en un cine y que el flash se enfoque hacia la pantalla. El resultado es malo: aparecen grandes manchas y los rasgos de los actores no son visibles. La luz del flash se ha impuesto y ha suprimido las imágenes del proyector.

En las emulsiones sensibles de las películas fotográficas se pueden apreciar transformaciones según la acción de la luz. Ocurre lo mismo cuando los fluidos del periespíritu del médium aparecen. En la mayoría de los casos, se trata de impresiones luminosas aunque a veces los asistentes pueden sentir la caricia de algunos espíritus o, por el contrario, su cólera, que expresan dando bofetadas.

La penumbra facilita la concentración del médium y de las personas reunidas en la pieza. Por eso muchos médium prefieren trabajar en la «habitación negra», que es un ángulo de la habitación aislado del resto de la pieza por una barra en diagonal, hecha para colocar cortinas negras. Es en este rincón donde se sitúa el médium durante la sesión y, eventualmente, el hipnotizador que sirve para aumentar los poderes del médium. El resto de la asamblea se reúne en la pieza y se da la mano para formar lo que se llama la «cadena del espiritismo».

El lugar donde se celebran las reuniones o las sesiones de espiritismo puede variar. Pero cuando se utiliza un lugar de reunión durante algún tiempo, vale más no cambiar con demasiada frecuencia sin una razón válida. En el local donde se celebran las reuniones, los fluidos de los espíritus irradian alrededor a través del pensamiento: con el tiempo se llega a crear un cierto ambiente espiritual en el que los espíritus se sienten a gusto.

Un local completamente dedicado a las prácticas de espiritismo se convierte en un auténtico santuario en el que los espíritus inferiores no encuentran una atmósfera propicia para ejercer sus juegos y sus ardides. Pero, en general, hay que decir que el local solo no basta para constituir un círculo serio de adeptos del espiritismo. La asiduidad de las personas presentes es esencial para un buen desarrollo. Por eso hay que preparar la sesión de antemano, con minuciosidad y coherencia ya que se destina a alcanzar las más altas cumbres del espiritismo.

Es con este objetivo que aconsejamos a las personas deseosas de constituir un círculo de iniciados seguir la norma elaborada por la primera asociación de espiritismo del mundo, la más grande en la época, que vamos a describir en seguida.

El reglamento de la Sociedad Parisina de Estudios sobre Espiritismo

Un ejemplo conocido en todo el mundo, por lo que respecta a la práctica del espiritismo, es el reglamento que la Sociedad Parisina de Estudios sobre Espiritismo formuló hacia la mitad del siglo XIX. París era entonces la capital mundial del espiritismo y esta asociación, gracias a la notoriedad internacional de la cual se beneficiaban sus miembros, llegó a ser la guía mundial de las personas que lo practicaban.

El valor esencial de este reglamento, como sus redactores, con Allan Kardec a la cabeza, anunciaron en la época, descansa y se fundamenta sobre el fruto de la experiencia. Además, esta experiencia no debía tener nunca un valor absoluto e indiscutible.

Su objetivo era desarrollar a los grupos ávidos de conocer la dimensión inmaterial.

Se trataba de facilitar la organización y la protección de los grupos que se estaban creando. Seguía siendo válido cuando se trataba únicamente de personas que no deseaban ir más allá de algunas sesiones periódicas con un carácter privado e incluso social. Sólo era necesario establecer algunas medidas de precaución y de orden, para que la reunión puediera desarrollarse normalmente y sin problemas.

La Sociedad Parisina de Estudios sobre Espiritismo se fundó el 1 de abril de 1858 y su reglamento fue aprobado el 13 del mismo mes por los servicios del Ministerio del Interior y la Seguridad General.

Estas medidas siguen siendo actuales y conservan todo su valor: la mayoría siguen siendo el mejor instrumento de orientación para los grupos que se interesan por el espiritismo.

Un espíritu racional no cree que existan días u horas propicias para practicar el espiritismo: algunos afirman que estos se muestran más comprensivos en uno u otro momento de la semana.

El lugar y el momento son completamente indiferentes para practicarlo. Se recomienda sobre todo seleccionar un momento de ocio, en el que se pueda beneficiar de calma y tranquilidad, sin tener que poner atención a la hora o a otras ocupaciones habituales. Se necesita un momento en que la meditación no sea interrumpida por las preocupaciones cotidianas.

A propósito del espiritismo, las prescripciones de los tratados de magia y de brujería no sirven de nada. No existe ni día ni hora cabalística propicia para dedicarse a él.

Si se recibe un mensaje de un espíritu que expresa su preferencia por entrar en contacto a una hora concreta, hay que atribuir ese mal consejo a un espíritu engañoso, que desea inducir a error a los hombres. Esto no significa que los espíritus no acaben por acostumbrarse a que les convoquen a una hora fija para entrar en contacto con los seres humanos. También se acostumbran al local en el cual se desarrollan las comunicaciones con el más allá. En la práctica, en efecto, muchos espíritus son muy puntuales y van incluso a pedir cuentas a la asamblea si esta decide retrasar o anticipar el momento de la invocación. Para tener buenas comunicaciones, pues, siempre hay que conservar la misma norma que, naturalmente, debe convenir a todos los asistentes. También hay que repetir las asambleas y las invocaciones si es posible el mismo día y a las mismas horas.

LA NECESIDAD DE NO SER DEMASIADO NUMEROSOS

Algunas personas pueden ejercer una influencia negativa, contraria y, además, involuntariamente. Las comunicaciones con el espíritu se obtendrán con dificultad; a veces no puede producirse nada. En general, es más fácil obtener una buena concentración con pocas personas que con un gran grupo. También hay que procurar que toda la gente presente no considere el objeto que se mueve o que golpea como un objeto de culto, de veneración, sino como un simple instrumento.

Del mismo modo, para obtener la presencia de los espíritus es necesario crear un clima de fervor que pueda atraerlos. Es fácil comprender que, cuantas menos personas estén presentes, más grande será el número de espíritus que asistirán a la reunión. La homogeneidad será más fácil de lograr, así como el ambiente de comunión espiritual.

Se obtienen mejores comunicaciones en reuniones pequeñas e íntimas, antes que en asambleas demasiado grandes. Sin embargo, si durante una asamblea que incluye a un gran número de personas se obtiene un grado de concentración suficiente, se puede obtener un resultado mucho más potente que en una asamblea pequeña, sobre todo si los asistentes no están totalmente concentrados o tienen una actitud poco respetuosa hacia los espíritus. Es evidente que los espíritus prefieren dirigirse a gente atenta, cuyo espíritu está mejor dispuesto, antes que a personas frívolas. El número de gente reunida no tiene mucha importancia.

LOS TRES VALORES DE UNA CONGREGACIÓN DE ESPIRITISMO

Hay tres elementos en una congregación de espiritismo que determinan la validez de las comunicaciones que se pueden establecer.

En primer lugar, el nivel general de la asamblea atrae a algunos espíritus más que a otros. A continuación, la personalidad del médium es uno de los elementos esenciales: determina la naturaleza del espíritu que asiste y su capacidad para recibir manifestaciones de un tipo u otro.

Por último, el último elemento es la persona que hace la pregunta al espíritu y que dirige la asamblea.

Se considera que la presencia de personas demasiado escépticas o demasiado débiles constituye un elemento dañino y discordante. De hecho, estas personas captan sin saberlo una buena parte de la energía del periespíritu, que es un aportación de todas las personas presentes. En estos dos casos, se observan serios problemas y obstáculos que ponen en peligro el éxito de la reunión.

Por eso hay que acoger a los nuevos miembros con la más grande reserva, sobre todo en una asamblea ya constituida y homogénea.

La inutilidad de las fórmulas mágicas en la invocación de los espíritus

Es verdad que la historia de la magia nos muestra que los grandes magos han podido emplear algunas fórmulas verbales para someter a los espíritus. Pero se trata de entidades espirituales que no se han encarnado (y que nunca lo han estado); estas entidades se sitúan en algunas grandes categorías del conjunto de la población de los espíritus. Hay que saber que esto no se reduce a dos ejércitos, el del bien y el del mal. Hay muchos espíritus independientes, de los que hablaremos más adelante, en esta obra. Su personalidad depende de los sig-nos del zodiaco en relación con Gaia (la Tierra viva, sensible, exactamente como una mujer en toda su plenitud). También están en contacto con las entidades malignas, que no tienen una organización específica y están distanciadas de todos los grupos. Con frecuencia están a merced de uno de los cuatro elementos.

Por lo que respecta a las fórmulas mágicas, las frases de invocación o de evocación (las dos palabras son sinónimos, aunque el primer término tiene connotaciones religiosas), debemos precisar que todavía no hay nada claro ni definitivamente determinado. Es lo que ya hemos comentado sobre la evocación de los espíritus. Ahora lo reafirmamos para el conjunto de las prácticas más generales. Y añadimos la frase de una célebre bruja mexicana, Tzela, que ejercía en Xochimilco: «Puedes retener a un alma algunos días y mantenerla como esclava, pero esto no se hará con el acuerdo de Dios sino con la ayuda del diablo».

La mayoría de las sociedades de espiritismo han recurrido a las llamadas de carácter religioso, pero no de una religión específica, aunque es la religión de la mayoría de los asistentes la que acaba por imponer su visión del mundo.

Basta invocar al Espíritu Supremo, al Espíritu de Dios, que permite al espíritu invocado responder a la llamada que se le hace, con el mayor de los respetos, durante la reunión: «Señor, te imploramos humildemente dejar que, entre los espíritus que esperan un signo de ti, el espíritu de Christophe

Durand —que perdió la vida en Francia hace dos años— entre en contacto con nosotros».

La intensidad con la cual se pronuncia la invocación o la evocación es tanto más eficaz cuanto que todos los asistentes la reciten al unísono, con las manos sobre la mesa, formando un círculo. Así, es necesario haberla recitado antes o tenerla escrita en un papel: también se puede memorizar el texto, lo cual dará más eficacia a las palabras pronunciadas. Se añadirá cada vez un nombre diferente, el de la persona que se desea invocar.

Sin embargo, nosotros preferimos que la invocación la recite el presidente o el director del grupo: todos deben retomar la frase en coro, después de él.

En todos los casos, lo esencial es permanecer concentrado: el espíritu debe acudir a la llamada y manifestarse a través del médium. Este último debe colocar sus manos sobre la mesa y estar en contacto con los demás; les comunica por el tacto una parte del trance.

EL PROCESO DEL ESPIRITISMO: LA ASCENSIÓN DEL MÉDIUM

Desde que el médium entra en comunicación con el espíritu, veremos cómo cede algunas de sus facultades corporales, esencialmente las del periespíritu. Es lo que se llama ascensión.

Sin embargo, para que esto se pueda producir, es necesario que el espíritu evocado sea compatible con el del médium, como habíamos comentado más arriba, y el espíritu debe estar también disponible porque puede perfectamente encontrarse en otra parte, para cumplir otra misión u otra tarea inherente a su función. Puede ser que todavía no tenga la posibilidad de utilizar el periespíritu y, por tanto, manifestarse.

Es verdad que algunos espíritus necesitan acostumbrarse a su nueva condición, aunque el concepto de tiempo sólo es una emanación de la dimensión material. Necesitan adquirir cierta madurez antes de poder ejercer su voluntad y utilizar sus capacidades de comunicarse con los vivos. En este caso, si quisieran responder a la llamada de los humanos, estarían limitados y presentarían graves lagunas.

Otro inconveniente o impedimento sería la influencia de un espíritu superior o más potente. En efecto, algunos espíritus superiores se oponen a la práctica del espiritismo, que consideran como una forma de exhibicionismo detestable. Por suerte, esta opinión no es muy corriente.

También puede tocarnos un espíritu que no desea responder a la llamada por cualquier motivo. Se trata en general de motivos de tipo emotivo si, por ejemplo, se encuentra en la asamblea una persona que tenía muchos vínculos afectivos con el espíritu o alguien con quien este no se entendía en absoluto cuando estaba vivo.

Pero, si todo se desarrolla como estaba previsto, el espíritu responderá a la llamada diciendo: «Aquí estoy» o bien «¿Por qué me llamas?», o algo muy similar.

Si surgen dificultades, no se puede establecer la comunicación o no se percibe ninguna reacción del más allá, siempre se puede llamar a un espíritu familiar, que el médium conozca, para que haga de intermediario. Es decir, que actúe como un segundo médium, ya que él puede pedir un aplazamiento que oscilará de unas horas a algunos días. Sin embargo, cuando la comunicación se establece, el espíritu intermediario comunica a los asistentes que ha encontrado al espíritu que se buscaba y que está listo para responder a las preguntas.

Naturalmente, este espíritu familiar que el médium o uno de los asistentes mayores y más experimentados del grupo conoce se dará a conocer de manera clara, evidente y responderá para empezar a un breve cuestionario: esto ayudará a despejar todas las dudas. Hay que evitar toda impostura o superchería por parte de los espíritus, que a menudo muestran una tendencia todavía más grande que la de los mortales a engañar y embrollar a todo el mundo. Algunos se dedican a sembrar el error y la duda y a desacreditar el espiritismo. A veces, simplemente es para hacer el mal, por placer. Para estos, eso equivale a cerrar las puertas del más allá en las narices de los seres humanos.

Aquellos que no conocen la naturaleza de los espíritus ni las relaciones que los mortales pueden establecer con ellos creen que las invocaciones tienen como objetivo hacer venir a los muertos y su comitiva del más allá. Del mismo modo, en algunas obras mal intencionadas, cuyos autores nunca llegarán a conocer su auténtica esencia, se presentan los contactos con el más allá como prácticas absurdas; se las confunde con las de la gente que realiza rituales de magia negra y brujería.

«El espiritismo, dice Allan Kardec, nunca ha tenido como objetivo hacer milagros ni convencer a los incrédulos. No hay que convencerlos con prácticas que tienen más relación con la Edad Media que con una época moderna. Cuando el cuerpo del hombre reposa en la tumba, permanece allí para siempre. Su espíritu, el ser intangible (o el alma más el periespíritu), se separa de los restos mortales y se reintegra el universo espiritual que se sitúa en un nivel más elevado que el mundo de la materia. El espiritismo nunca ha pretendido resucitar a los muertos».

Las oraciones o la invocación del nombre de Dios no son en absoluto necesarias, aunque algunos grandes maestros del espiritismo aconsejan usarlas. Aquellos que sólo ven en todo esto simples fórmulas pueden abstenerse de pronunciarlas. Lo esencial es la actitud moral y el recogimiento.

A veces, para acentuar este clima de fervor, los miembros de algunas asambleas se dan la mano y cantan cantos de inspiración religiosa con música de acompañamiento.

En todas las reuniones hay muchos espíritus familiares que conocen bien a los diferentes miembros o que vienen con frecuencia a las asambleas. Aunque este tipo de espíritus acude en general así que se les llama, es perfectamente posible llamar a otros, sin ocuparse de la jerarquía específica de los espíritus. No significa que vayan a responder necesariamente a nuestra llamada, porque pueden tener otros motivos que pueden impedírselo.

No hay que conceder atención a las revelaciones que no se han solicitado. Las comunicaciones que transmiten los espíritus por su propia iniciativa o en respuesta a las preguntas de la asamblea no deben nunca tomarse al pie de la letra. Según el espíritu que las transmite, pueden ser auténticas o falsas, elevadas o groseras, es decir, buenas o malas. Las comunicaciones que reflejan bondad y rectitud proceden de un ser que ha progresado en su evolución moral: es un espíritu bueno y sensato. Las demás comunicaciones, en las que sólo se adivina confusión o falta de reflexión, deben corresponder a los espíritus poco desarrollados.

Es posible conocer la calidad de un espíritu gracias al lenguaje que utiliza en sus mensajes. El lenguaje de los espíritus más educados es digno y noble, respira sabiduría, bondad, modestia, benevolencia y buenos sentimientos. Los espíritus ignorantes intentan paliar su falta de cultura y de conocimientos con respuestas largas y poco claras. Cualquier pensamiento opuesto a las reglas morales, expresión grosera o simplemente frívola son signos inmediatos de la inferioridad del espíritu.

Los espíritus no pueden pronunciarse sobre cosas que no conocen: en general, opinan o dan sus comentarios personales, que dependen de su grado de conocimiento y de la categoría moral a la cual pertenecen. Un espíritu prudente no duda en reconocer su ignorancia antes que suministrar una respuesta errónea. Un espíritu ligero, por el contrario, es capaz de sostener sus ideas, que para él tienen un valor absoluto.

A veces, se notan grandes contradicciones entre dos mensajes que se atribuyen al propio espíritu. Solo a aquellos inferiores les gusta inducir a los demás al error cuando su orgullo les impide reconocer su gran ignorancia sobre un tema.

Durante la reunión, los asistentes pueden hacer todo tipo de preguntas. Sin embargo hay que saber que los espíritus superiores sólo responderán a las preguntas que demuestran una voluntad real de conocimiento, serio y útil. Si se da el caso que sólo se obtienen respuestas a preguntas anodinas o impertinentes, es que toda la sesión ha sido falsificada por espíritus inferiores: su único objetivo es burlarse de la fe de todas las personas presentes e incluso destruirla.

La sesión de espiritismo

Ahora la sesión ya puede empezar. Los asistentes han ocupado su sitio alrededor de una mesa, preferentemente redonda. Todos ponen sus dedos sobre un objeto de referencia; este objeto puede ser una ficha, una regla, un bolígrafo o un lápiz, y se pronuncia la invocación convenida con gran recogimiento.

La concentración de todos es muy grande: se espera un signo que indicará que un espíritu está presente.

Este signo es, en la mayoría de los casos, un ligero movimiento del objeto elegido: se dirige hacia una dirección bien determinada, hacia la derecha, la izquierda o adelante. En general, se dirige hacia el lugar donde se encuentran los adverbios sí o no. Puede empezar designando la afirmación, lo que quiere decir que está listo y que desea conocer el motivo de la llamada.

Los espíritus no vienen siempre de buenas. Puede suceder que el espíritu no esté contento y que sólo asista a la reunión a la fuerza. También es posible que desee afirmar su autoridad sobre todas las personas presentes, desde el principio.

En uno u otro caso, moverá el objeto de manera totalmente desconcertante, inmovilizándolo en el aire, por ejemplo. Sin embargo, como ha venido, es normal que quiera conocer la razón que ha motivado que le invoquen, pues no es raro que su indignación se vuelva violenta. Como último recurso basta disculparse humildemente y hacer preguntas con habilidad.

Por ejemplo, si no se ha definido claramente quién es la persona que debe hacer de médium, el espíritu seleccionará a aquel con quien tenga más afinidades a primera vista. Evidentemente, la persona designada deberá llevar la sesión y ser intermediario y moderador a la vez.

Cada médium tiene su especialidad que depende, sobre todo, de sus actitudes.

Como ya hemos dicho, hay una amplia gama de medios para entrar en contacto con los espíritus: signos, palabras, ruidos y, sobre todo, escritura. Cada médium elige uno y lo desarrolla. Es posible distinguir casi tantos tipos de médium como medios de comunicarse con los espíritus. A menudo es la práctica de uno u otro método lo que define los mejores resultados.

Esta especialización de los médium explica los límites que aparecen en la práctica. Allan Kardec ha establecido un catálogo que clasifica las disposiciones de cada médium respecto a los métodos y estos son sus criterios.

RASGOS DISTINTIVOS DE LOS MÉDIUM DE EFECTOS FÍSICOS

Como su nombre indica, son aquellos que ofrecen a los espíritus la posibilidad de intervenir sobre la materia, directamente, y producir mutaciones diversas. A esta categoría pertenecen dos grupos bien definidos: los médium naturales o espontáneos y los médium facultativos.

De los dos, sólo los últimos son totalmente conscientes y conocen su poder y producen los fenómenos sobrenaturales de manera voluntaria. Los primeros aportan su energía, surgida del periespíritu, para hacer efectos más simples, como desplazamientos de objetos o de cuerpos inertes. También hacen ruidos diversos. Pero las posibilidades son enormes para los espíritus como para los médium. De hecho, todavía hay más divisiones en estas categorías. Así, entre los médium de efectos físicos hay que hacer una distinción entre aquellos que permiten a los espíritus hacer ruido (o *raps* en el lenguaje del espiritismo), y aquellos que se llaman médium motores, que prefieren las manifestaciones con movimientos. También los médium suscitan apariciones y obtienen materializaciones.

Para recibir y transmitir comunicaciones de gran importancia intelectual, los más aptos son aquellos que Kardec llama médium de efectos morales, para subrayar la importancia de su intervención.

Según la capacidad concreta que manifiestan hacia una forma específica de transmisión y recepción, pertenecen a ocho categorías diversas.

Los hablantes. Son aquellos que transmiten los mensajes mediante la voz: los espíritus se expresan por su boca, mientras están en pleno trance.

Los escritores. Transmiten mensajes escritos: el flujo del espíritu guía su mano. Este produce directamente la escritura; se dice que se expresa directamente por la mano del médium.

Los dibujantes. Pueden ser a la vez escritores y dibujantes, pero poseen una sensibilidad suplementaria, que les permite producir imágenes.

Los videntes. Poseen la facultad de ver las cosas ausentes, las que se han producido o las que se van a producir. Pueden describir, como si se tratara de un testimonio, lo que le sucede al espíritu o lo que el espíritu le ha mostrado. Pero también pueden ver a los espíritus que se manifiestan de manera ligera, sin utilizar el ectoplasma. Sólo las personas dotadas de esta facultad pueden percibirlo.

Los inspirados. Perciben los pensamientos del otro, que no tienen nada que ver con los suyos. A veces, los mensajes que captan vienen de un espíritu desencarnado y no del espíritu de las personas presentes.

Los sensibles. Sienten la presencia de los espíritus gracias a una impresión vaga, un ligero movimiento en sus miembros.

Los auditivos. Oyen en ellos o fuera de ellos la voces de los espíritus.

Los curanderos. Son capaces de curar enfermedades corporales con el mero tacto o una mirada.

Todavía hay más especialidades relacionadas con la cualidad del médium. Sin embargo, los médium no pueden utilizar siempre todas sus cualidades.

Antes de abordar otros aspectos de sus facultades, hay que tener claro un punto que preocupa mucho a las personas que no conocen bien el espiritismo: la actitud mercenaria.

El primer reproche que se les hace es aprovechar sus actividades con fines lucrativos o bien exagerar sus talentos, siempre para sacar provecho. No es que los médium en cuestión sean charlatanes, pero es verdad que ejercen una actividad lucrativa a partir de sus dones.

Este mercantilismo es totalmente inadecuado, pues la condición de médium no es algo que se pueda hacer bajo pedido. Es una facultad que hay que compartir. Esta actividad se puede comparar con la de telefonear: el médium puede llamar a un número, pero, a continuación, el transcurso de las cosas ya no depende de él. Debe contar con la benevolencia de su interlocutor para poder continuar la comunicación.

Además, hay que garantizar que el espíritu pueda venir cuando le sea posible o que no venga otro en su lugar, con malas intenciones. Este último podría abusar de la confianza del médium y de toda la asamblea.

Todas estas consideraciones nacen del hecho que el espiritismo no es una serie de acciones mecánicas. Incluso los médium más conocidos no siguen una línea de conducta idéntica y han intentado variar sus facultades. Dichas facultades no dejan de evolucionar, como sube o baja la marea.

Es un hecho conocido: incluso los mejores no pueden asegurar la presencia de los espíritus en un momento dado. Por eso la función de médium no puede convertirse en una profesión. Los espíritus no vienen cuando se les solicita con un objetivo lucrativo. Dan prueba de gran honestidad y sólo colaboran con gente honrada, inteligente y que da prueba de respeto y de sinceridad.

En una conversación en la que demostraba que el espiritismo no era sinónimo de dinero, excepto en algunos casos, Allan Kardec afirmó: «Si se ven anuncios de sesiones de espiritismo a un precio excesivo, seguro que se trata de charlatanismo o de trucos de magia más o menos preparados».

ENTRE LA CONSCIENCIA Y LA RENUNCIA DEL MÉDIUM

Entre las posibilidades de comunicación gracias a un médium, la escritura presenta el mayor interés. La transmisión de ideas y de pensamientos, el diálogo con los espíritus desencarnados se hace gracias a este medio, simple y directo.

Por lo que respecta al estado de espíritu del médium, hay que decir que quizá no recuerde toda la comunicación que acaba de tener con los espíritus.

La doctrina del espiritismo explica cómo se produce la transmisión entre la voluntad de los espíritus y la acción del médium:

«La asimilación entre la voluntad del espíritu y el alma del médium puede establecerse directamente, por lo menos si son compatibles. Entonces se produce una asimilación total entre ambos y es el alma la que guía los movimientos mecánicos de la mano para formar la escritura. Eso explica el hecho de que el médium pueda utilizar un lenguaje desconocido o recibir mensajes cuyo contenido está más allá de sus capacidades intelectuales».

Para desarrollar y mantener su sensibilidad paranormal, los médium no deben nunca menospreciar los riesgos que provoca la práctica del espiritismo. El conocimiento y la reflexión frecuentes sobre las relaciones con el más allá y sobre los fenómenos que se producen pueden evitar muchos errores: protegen de las consecuencias negativas del espiritismo practicado de manera frívola. Eso puede concernir al médium y a las demás personas que asisten a la reunión. El médium, sin embargo, es la persona más expuesta. El riesgo está presente en el plano físico, moral y psíquico. El médium puede sumirse en un profundo desconcierto o verse zarandeado por impresiones tan íntimas que no podrá comunicarlas a nadie. Pero todo eso le sumirá en una profunda angustia.

Contrariamente a lo que se suele creer, la cualidad que se espera de un médium no es la facultad de comunicar. Es más importante estar en contacto con los espíritus elevados que el médium sabrá acercar. Vale más recibir siempre buenas comunicaciones. Es cierto que un médium que posee algunas imperfecciones morales puede recibir las manifestaciones de espíritus elevados: estos se aprovechan para dirigirse muy especialmente hacia ese tipo de personas y darles consejos y opiniones sobre su vida.

Los espíritus a veces pueden ser desconcertantes y engañosos. Nunca se insistirá lo suficiente sobre el hecho de que los espíritus prefieren confundir a los mortales antes que disipar sus dudas. En el mejor de los casos, para el espíritu se tratará de demostrar que el médium es sincero o no: recordemos que el principal defecto y el mayor enemigo del médium es el orgullo que le hace creer en su superioridad y en su infalibilidad. En ese caso, aleja a algunos espíritus mientras que otros se aprovechan de esta debilidad y buscan utilizarla. Sin embargo, el médium orgulloso acabará por creer que posee una importancia enorme y pensará que se trata incluso de un privilegio exclusivo que le distingue de los demás. Es lo que se conoce como «complejo de Merlín»: si sucede, el médium se puede considerar como un hombre perdido. Abandonado por los espíritus superiores y engañado por los inferiores, la única solución será dejar de lado el espiritismo de manera radical. Deberá proteger su hogar contra los elementos capaces de alejar a los espíritus.

Entre los muchos ardides de los espíritus inferiores, el más corriente es usurpar el nombre de un personaje célebre. Esta astucia engaña muy a menudo a los que son orgullosos: un buen médium, sin embargo, ante un mensaje que contiene un gran nombre de la Antigüedad o de una época más reciente, adopta una actitud llena de dudas. Sabe perfectamente que sus únicos méritos no bastan para atraer la atención de los espíritus más evolucionados y atentos. Así, deja de lado su amor propio y se somete gustosamente a la evaluación de las personas presentes.

LOS PELIGROS Y LAS AMENAZAS

El médium empieza a utilizar sus funciones adoptando una actitud completamente pasiva y receptiva. El desarrollo de las capacidades de médium implica una anulación de la consciencia personal y de la voluntad. Este, al principio, anula su personalidad sólo temporalmente. Pero, poco a poco, esta anulación es mayor y entra en trance en cualquier momento y en cualquier lugar. Entonces las comunicaciones con el más allá se hacen con mayor frecuencia más numerosas e insistentes: el médium siente cada vez más dificultades para volver a su estado normal y a su propia personalidad.

Allan Kardec ha insistido sobre las graves consecuencias de la práctica del espiritismo por parte de las almas sensibles, impresionables. La salud de los médium se puede ver afectada por un tipo de enfermedad: hay que recordar que los fenómenos del espiritismo pertenecen a la esfera mental y moral de los individuos. Se cita el caso de un médium (Standemaier) que, al final de una sola sesión en la que practicó la escritura automática, se volvió completamente loco: cayó en un delirio del cual nunca pudo salir.

Léon Denis, colaborador y discípulo de la obra de Allan Kardec, en su obra *Espiritismo y médium* aportó la explicación siguiente a estos hechos: «Los fluidos pesados y malsanos de los espíritus inferiores alteran la salud del médium, perturban su consciencia y su juicio y normalmente acaban en locura».

Por lo que respecta a la salud física, los médium que producen efectos físicos se exponen a una pérdida excesiva del fluido vital que puede producir una debilidad orgánica perniciosa. Este peligro amenaza muy especialmente a los médium que se someten a sesiones agotadoras de experimentación en las que los asistentes realizan todo tipo de pruebas para demostrar a terceros que no son supercherías. Incluso los mejores médium, los más potentes, han sido víctimas de enfermedades nerviosas o de trastornos mentales.

Según la medicina, «el espiritismo supone una alteración de los mecanismos del aprendizaje, debilita la voluntad, expone a sus adeptos a todo tipo de fantasías» (Boudo, *El espiritismo y sus peligros*). «Las personas que poseen un espíritu débil y que están angustiadas por la vida cotidiana se dan a los espíritus sin ningún discernimiento ni freno, dispuestas a vivir todas sus fantasías y obsesiones» (Violet, *El espiritismo y su relación con la locura*).

Son dos actitudes completamente irreconciliables que podrían evitarse si, antes de hundirse en la obsesión y el fanatismo, los adeptos y los médium reflexionasen un momento y meditasen las palabras serenas del autor de la doctrina del espiritismo. «Sea cual sea su naturaleza, las manifestaciones de espiritismo no tienen nada de sobrenatural o de maravilloso [...], son fenómenos que se producen en función de una ley que controla las relaciones del mundo visible y del mundo invisible. Esta ley es tan natural como las leyes físicas que explican la electricidad o la gravitación».

Del mismo modo, uno de los factores que puede perturbar un ejercicio positivo del espiritismo es la obsesión. A veces está provocada por un espíritu maligno, con malas intenciones, o por una negligencia del propio médium. Este último deja su alma en manos de un espíritu dominante que se impone en la reunión con nombres apócrifos y le impide comunicarse con otros espíri-tus. La obsesión presenta diferentes grados de intensidad según los individuos afectados.

En su forma más tenue, que Allan Kardec ha llamado *obsesión simple*, se presenta como un ligero contratiempo pasajero y de poca importancia. El médium se da cuenta de que un espíritu engañoso intenta monopolizar sus facultades. Ve que las comunicaciones no presentan interés real e intenta deshacerse de esta nefasta influencia. En general, llega a interrumpir las sesiones durante algún tiempo. El espíritu sabrá que se han captado sus intenciones. Verá que el médium hace oídos sordos y que no se presta ninguna atención a sus ardides: acabará por partir, cansado y enfadado.

Pero, cuando el espíritu dominante llega a apoderarse de la consciencia y de la confianza del médium, el desorden puede durar mucho más tiempo y volverse una obsesión definitiva. Allan Kardec llama fascinación obsesiva a esta forma de perturbación más intensa.

Aquel que la sufre cae en las trampas de una susceptibilidad excesiva y es incapaz de analizar objetivamente los mensajes que recibe.

A menudo, está celoso de los demás médium, sobre los cuales intenta hacer prevalecer su supuesta autoridad moral.

No soporta la crítica y puede ponerse en situaciones totalmente ridículas.

Si el espíritu se impone sobre la personalidad del médium usando toda forma de coacción posible, moral y física, este intermediario caerá en un estado de fascinación obsesiva que se corresponde con lo que en otro tiempo se llamó posesión.

En este caso, el médium hace gestos y movimientos incoherentes que no llega a controlar, puede gritar, injuriar y exclamarse.

Esta excitación especial no se puede tratar aplicando los métodos habituales empleados para curar la locura tradicional. Tampoco se pueden utilizar exorcismos o fórmulas curativas. La obsesión debida al espiritismo es siempre el producto de una fuerza exterior.

Hay que liberar a la persona enferma de la influencia del espíritu dominante y entrar en contacto con ese espíritu, en una asamblea que se dirigirá a él y le ofrecerá consejos hábiles y juiciosos.

La astucia como contrapartida de los peligros del espiritismo

Recordemos que los riesgos que comporta el ejercicio del espiritismo amenazan a todos los médium, a los más sabios y a los otros.

Por otra parte, las manifestaciones del espiritismo se prestan a cantidad de supercherías y engaños. A veces, es el espíritu el que actúa con ligereza y perjudica a todos los presentes; a veces es el médium que, para proteger su reputación o por temor a decepcionar, simula en lugar de explicar a sus adeptos que la condición de médium posee fases de elevación y otros momentos de fatiga y esterilidad absoluta.

Por último, hay auténticos charlatanes, deseosos de quedarse el dinero de aquellos que se creen sus camelos.

Ya en 1857, Allan Kardec en *El libro de los médium* dedicaba el último capítulo de la obra al charlatanismo y a la superchería inevitables en la práctica del espiritismo. «Se puede causar un gran perjuicio en este sentido a una asamblea de neófitos, que sólo desean ver para creer. Los efectos físicos y los efectos inteligentes más fáciles, como los movimientos, los golpes, los ruidos y la escritura directa se pueden crear por un médium que posea el talento necesario y que esté obsesionado por la idea de mantener la atención y la adulación de los espectadores. Pero para evitar estas situaciones que, en última instancia, sólo benefician a los detractores del espiritismo habrá que eliminar un entusiasmo que acaba en fanatismo.

»Por el contrario, hay que adoptar una reserva, un recogimiento y una serenidad espiritual que permitan analizar los hechos».

La realidad humana y la realidad del espíritu

La realidad humana situada entre dimensiones contrarias, que son las de la materia y las del mundo inmaterial, se divide en tres categorías compuestas por el cuerpo, el alma o el espíritu encarnado y, entre ambas, el periespíritu que se manifiesta a lo largo de la vida de diferentes maneras: es la energía que puede transmitirse y evolucionar en intensidad. También se puede debilitar y permitir al alma viajar o pasearse lejos del cuerpo, sin que este muera. Es lo que sucede en los sueños.

La reencarnación no es un paso obligado, pero se ha observado en diferentes religiones que existe y que la mayoría de los humanos se reencarna varias veces.

Algunas religiones orientales y muchos iniciados afirman incluso que todas estas vidas sucesivas, con intervalos más o menos prolongados, podrían no tener forma humana: estas reencarnaciones no tendrían lugar sobre la tierra, sino en otras galaxias, en los diferentes y numerosos planetas que están dotados de una vida inteligente. Recordemos que en los medios científicos se cree cada vez más en esta posibilidad, aunque antes se mostraban bastante escépticos y creían que el hombre era el centro del universo.

El espíritu y sus posibilidades

Según la visión del espiritismo, los espíritus de los hombres comunes se encuentran dentro de un envoltorio material y perecedero que es vulnerable y, después de la muerte, los espíritus se liberan de este envoltorio y recuperan su libertad.

Hay que decir que, después de la muerte, el espíritu conserva el aspecto de semimateria propia del periespíritu que normalmente es invisible.

Sigue siendo así hasta que el proceso de las apariciones le hace visible y tangible. Por eso muchas personas dicen haber recibido la visita de gente que después han averiguado que estaban muertos. Del mismo modo, las sesiones de espiritismo incluyen a menudo la materialización de los espíritus invocados, completa o parcialmente (una parte del rostro, por ejemplo).

El espíritu también puede hacer prodigios, incluso en un cuerpo. Cuenta, por ejemplo, con las realidades del alma universal que se encuentran mayoritariamente en el signo de Piscis: recibe el agua de la iluminación que, en el zodiaco, se encuentra en el signo del agua por excelencia, Acuario. De estos dos signos surgen muchos atributos, lo que se podría llamar el espíritu vivo: el mar de sabiduría u océano de Piscis ofrece las mejores posibilidades de comunicar con el más allá y es la fuente de los poderes telepáticos, entre otros poderes sobrenaturales.

Una de las posibilidades que se logra gracias al vínculo de los hombres con el océano de Piscis es el intercambio de pensamientos. Pero hay otros poderes todavía más grandes en cada cerebro; sobre todo si está marcado por el signo de los Piscis. Es el caso de las brujas, que eran muy poderosas y también magas.

El don más espectacular es el de la hipnosis a distancia, que tiene consecuencias enormes. El hipnotizador se encuentra suficientemente lejos como para asegurarse de que es el poder telepático el que produce este efecto hipnótico.

Recordemos algunos descubrimientos que realizó el médico y fisiólogo Charles Richet (1850-1935, premio Nobel 1913). Descubrió el fenómeno de la exteriorización de la sensibilidad. A finales del siglo XIX, el periodista y escritor Émile Boirac dio una muy buena descripción de estos trabajos, de los cuales vamos a reproducir algunos extractos. Se trata, en efecto, de un documento fundamental que explica perfectamente las posibilidades de Piscis en relación con la vida espiritual.

Frente a expertos admirados, Richet reprodujo su experimento dieciocho veces, haciendo una pausa cada vez para mostrar que el fenómeno no se podía atribuir a una reacción cíclica del sujeto. El sujeto caía en trance cuando Richet le llevaba a una habitación distante, así no podía ni ver, ni oír, ni percibir nada.

De este modo, los cinco sentidos no sirven para nada: volveremos más adelante sobre ello para distinguir lo que revela sobre el espíritu y sobre la materia... Pero dejemos hablar a Boirac:

«El sujeto se encuentra dormido y añadiremos que nosotros también: el sujeto lleva una cinta negra sobre los ojos. Se le pone en la mano izquierda un vaso lleno hasta los tres cuartos de agua: este vaso reposa sobre su mano extendida mientras que la palma de la mano derecha cubre el vaso, justo encima del agua.

»El operario realiza algunas pasadas sobre la mano que se encuentra sobre el vaso de agua. Constata, gracias a algunos pellizcos, la sensibilidad del dorso de la mano.

»Si la sensibilidad persiste, sigue haciendo sus pasadas pero, después de algún tiempo, de cinco a diez minutos, el sujeto ya no reacciona.

»Entonces, sin decirle nada, el operario pellizca el aire, tres o cuatro centímetros por encima de la mano: en seguida, el sujeto expresa una viva reacción de dolor, se pone a gritar y se sobresalta.

»Si se le retira el vaso de las manos y el operario se aleja, todo pellizco o contacto sobre el agua o justo encima producirá las mismas reacciones. El sujeto reaccionará de manera inmediata aunque la habitación se encuentre sumergida en el mayor de los silencios».

¿Significa esto que la sensibilidad se ha desplazado al periespíritu? Escuchemos atentamente las pormenorizadas explicaciones que ofreció Richet y que transcribió su colega Boirac:

«Ya he constatado este fenómeno en otros sujetos. En Ludovic S., se produce desde el principio, con una claridad y una rapidez evidente. El único cambio que se ha producido en la evolución del fenómeno concierne a la actitud del sujeto: aquel, al principio, no ofrecía ninguna resistencia, ninguna aprensión, casi indiferente a este género de experiencias. Después, acaba por reconocerlas y por temerlas, porque las sensaciones que vive eran demasiado intensas y dolorosas para él. De manera espontánea, empezó a interesarse y a preocuparse, quería saber la suerte reservada a ese agua. Se identificaba con el agua. Este hecho demuestra que la sensibilidad no corresponde al ámbito físico, al organismo: quizá puede atribuirse al periespíritu. El tacto se encuentra, de hecho, entre ambos, entre la realidad material y la realidad espiritual. Este fenómeno se conoce bajo el nombre de percepción del miembro fantasma».

Esta otra sensibilidad es todavía más grande y tiene implicaciones enormes. Dejemos al hombre de ciencia continuar su relato:

«Las sensaciones que experimenta a través del agua se podrían reagrupar bajo el término de sensibilidad exteriorizada y parece que son mucho más vívidas que las sensaciones normales, aunque no parece que sean localizables con certeza. Los pellizcos y las estimulaciones diversas repercuten en todo el cuerpo y no sólo en una parte concreta, como la mano. Esto explica su gran intensidad.

»Este fenómeno de la exteriorización parece abrir un campo ilimitado de suposiciones e investigaciones. Por falta de tiempo suficiente para dedicarnos a este asunto, hemos tenido que limitarnos a algunas experiencias. Nos hemos dedicado sobre todo a los que permiten definir generalidades».

No se trata, sin embargo, de un fenómeno general; en eso se parece a las cualidades requeridas por el médium. Sobre este tema, Boirac hizo el análisis siguiente:

«El doctor parece considerar la exteriorización como un fenómeno excepcional, que sólo se manifiesta en algunos sujetos que se encuentran en un estado especial. Nuestras observaciones y reflexiones nos hacían suponer, por el contrario, que era un fenómeno general, común a todos los individuos que for-man la especie humana: un fenómeno normal, podríamos decir, pero que está condenado a seguir oculto».

Los resultados de las experiencias del doctor Boirac

Como hemos demostrado, esta serie de experiencias se ha realizado siguiendo criterios científicos. Esta es la declaración que nos ha llegado sobre este tema:

«Estas son las dos experiencias destinadas a corroborar la hipótesis, que he efectuado con otros sujetos y que, repetidas con Ludovic S., han dado los mismos resultados.

»Después de haber inducido a Ludovic S. en el más profundo sueño y de vendarle los ojos, me alejo y tomo entre mis manos un vaso lleno de agua. Después de haber sostenido el vaso algún tiempo, de cinco a diez minutos, me acerco al sujeto que, desde luego, ignora toda la maniobra. Le hago sostener el vaso de agua con la mano izquierda e introduzco su dedo en el vaso. Me alejo otra vez y me sitúo cerca de un ayudante, a quien informo de mis intenciones. Cada vez que uno de los testigos me pellizca sobre una de las partes del cuerpo, el sujeto reacciona al instante con vigor. Es como si me hubiera exteriorizado en el cristal y como si todo perjuicio a mi sistema nervioso tuviese repercusiones sobre el sistema nervioso del sujeto, a lo largo de un hilo invisible que partiría del vaso de agua.

»En otra experiencia, primero hice como he indicado más arriba, pero en lugar de poner el vaso entre las manos del sujeto que se presta al experimento, lo dejo sobre una mesa, al lado de los asistentes, que están advertidos de lo que voy a hacer. Me acerco entonces a Ludovic S. y le cojo de la mano. Cada vez que el ayudante pellizca el agua, el sujeto reacciona con una fuerza extrema. Es como si el movimiento del agua repercutiese sobre mi sistema nervioso, por el sesgo de un hilo invisible, pero sin tener consecuencias sobre mis nervios. Después, por transmisión, lo recibe el sistema nervioso del sujeto que repercute el dolor.

»El éxito de estas dos experiencias me ha dado la idea de intentar una tercera y demostrar la posibilidad de crear un contacto de sensibilidades entre el operario y el sujeto. Procedí como sigue...

»Después de dormir al sujeto y vendarle los ojos, pongo entre sus manos el vaso de agua destinado a recibir su sensibilidad exteriorizada. A continuación, tomo otro vaso destinado a recibir la mía y nos quedamos los dos así, durante algún tiempo: después cojo un vaso y lo pongo cerca del mío sobre la mesa. Los dos vasos se encuentran a unos centímetros el uno del otro.

»He preparado un alambre en forma de U. He ordenado a los dos ayudantes que, siempre en silencio, sumerjan los extremos del alambre en los vasos de agua. Este alambre sirve, pues, de hilo conductor entre los dos recipientes. Después, me siento al lado de una persona a quien había explicado la función que debía realizar en relación con el sujeto. Ludovic S. está sentado a dos o tres metros de mí y ambos estamos a dos o tres metros alrededor de la mesa. Cuando mi vecino empieza a pellizcarme, el sujeto reacciona cada vez más violentamente. Todo sucede como si la sacudida que tiene lugar sobre mi sistema nervioso se propagara a lo largo de un primer hilo bien visible hasta el vaso en el que he exteriorizado mi sensibilidad: después pasa mediante el alambre de cobre en el vaso en el que el sujeto ha exteriorizado su sensibilidad. Por último, llegaba al sistema nervioso del sujeto a lo largo de un segundo hilo invisible.

»Sin embargo, en un momento dado, el sujeto ya no reaccionaba, aunque mi vecino me tiraba del pelo. Imaginaba que la suspensión en la transmisión de mis sensaciones se debía a la desaparición de la influencia contenida en los vasos. Pero, al mirar hacia la mesa, constato, gracias a los gestos de mis dos colaboradores, que la causa de esta parada era totalmente diferente...

»Uno de ellos había encontrado divertido interrumpir la comunicación y retiró del agua el extremo del hilo que debía vigilar. Así, sin saberlo, acababa de establecer una contraprueba de mi experiencia. Así que volvió a poner el hilo en el agua, la transmisión prosiguió. Cuando me tiraron del pelo, aquello se vio sobre la frente de Ludovic S. Empezó a quejarse y a protestar, porque deseaba terminar la experiencia. Mi vecino tuvo entonces la idea de producir estimulaciones más ligeras. Tomó una de mis manos y la acarició suavemente, varias veces. Vimos cómo Ludovic S. esbozaba una sonrisa: "Oh, si es eso, continuad tanto como queráis, decía. ¿Por qué no? ¿Qué hacéis ahora? ¿Me acariciáis la mano?". Ludovic llegó incluso a sentir el aliento caliente y frío sobre la palma de mi mano. Pero siempre sentía impresiones difusas que recorrían el conjunto de su cuerpo.

»Sin embargo, las sensaciones del gusto parecían transmitirse en condiciones algo diferentes. Cuando me puse a beber un poco de *chartreuse*, el sujeto hizo un gesto de deglución y dijo: "¿Qué me hacéis beber? Es un aguardiente muy fuerte". Yo vuelvo a beber sin responderle. Nuevo movimiento de deglución en el sujeto y nueva observación: "Es fuerte, pero dulce. ¿Es un málaga?" Siempre sin responderle, vuelvo a beber. El sujeto traga otra vez y exclama: "Basta, el licor se me sube a la cabeza". Entonces considero que el experimento ya había durado bastante y que era el momento de vaciar los vasos. El sujeto se levanta inmediatamente y exclama "¿Dónde está mi vaso?" y camina hacia la mesa. Pero, de golpe, se derrumbó sobre la alfombra. Mis asistentes y yo mismo, un poco asustados, le ayudamos a recuperarse y le hicimos sentarse. Le pregunté qué le había pasado. Me respondió que estaba borracho. En seguida le quité la venda y le desperté enérgicamente. Ya no quedaba traza de su embriaguez y no se acordaba de nada. Sería interesante proseguir estos experimentos para determinar la función del vaso de agua en el proceso de exteriorización de la sensibilidad: por ejemplo, se podrían cambiar los elementos que la componen, la naturaleza del recipiente, del líquido, etc., así como las circunstancias y el contexto en los cuales se ha desarrollado».

Hipnosis y telepatía

La hipnosis no nos aleja necesariamente de la realidad: por el contrario, la vuelve bastante más perceptible y permite al individuo poner en práctica otra función que no pertenece a los cinco sentidos. Entre muchas otros posibilidades, la hipnosis permite hacer nacer la telepatía. Esta facultad, como hemos visto, se encuentra sobre todo en las personas del signo de Piscis y Géminis, es decir, esencialmente en los signos de agua y de aire.

Pero hay que añadir que el doctor Boirac siguió con sus experimentos y que obtuvo, sin la hipnosis, los mismos resultados. Así demostró que la hipnosis sólo jugaba una función de potenciador de la telepatía: con un poco de práctica, los dos socios podían intercambiar muchas impresiones y también conocimientos variados. Esto se produciría hacia el año 1880 y desacreditó definitivamente las prácticas de brujería y rehabilitó a la hipnosis.

A partir de entonces, se considera al fenómeno como algo serio.

El espíritu y la experiencia de la muerte

Cuando el cuerpo desaparece, el alma abandona el vehículo mortal que le ha servido de envoltorio durante toda una vida: el periespíritu se va también con el alma, como prueba última de su estancia terrestre. Allan Kardec compara este acto de liberación del espíritu que se aleja de la tierra con la serpiente que se deshace de su piel. Se puede pensar también en el árbol, que pierde su corteza: el alma se separa del cuerpo «como si se tratara de un traje demasiado pequeño».

Cuando la muerte es natural, el desapego del espíritu se efectúa poco a poco.

A veces, antes que la vida se detenga, la emanación del fluido vital que el periespíritu da al cuerpo se apaga progresivamente. Los órganos enfermos del moribundo se deterioran poco a poco cuando el aura, o cuerpo energético, se aleja.

En general, la muerte se presenta como rodeada de velos, como una bruma, excepto si es violenta. En la confusión que sigue a la muerte, el espíritu está estupefacto, como un hombre que se despertara de un sueño profundo y que se esforzara por saber dónde está. Ese despertar es desconcertante, pero posible para los espíritus que durante su vida han actuado con rectitud. Es el caso de la mayoría de los espíritus, por otra parte. Para aquellos que han aprovechado su saber para propagar el mal, dejar libre curso a sus instintos y a sus pasiones, despreciando las posibilidades de perfeccionamiento espiritual para satisfacer una sed de posesiones materiales, el despertar es algo angustioso. A menudo sienten una especie de odio respecto a su existencia pasada.

Más adelante, cuando la muerte física es definitiva, el espíritu, que ya conoce su destino y la suerte que le espera, viaja hacia la dimensión espiritual sin sentir sufrimiento ni pesar. No siente más dolor, que considera como algo irrisorio, que no es nada al lado del destino final del «yo», a saber, una consciencia espiritual bien aceptada.

Pero la muerte puede producirse de manera violenta o instantánea y el lugar sobre el que se produce quizás esté impregnado de recuerdos o de impresiones psíquicas: en este caso, aparecen varios fenómenos, como los de *poltergeist*. El espíritu sorprendido, y que no ha previsto la situación, se encuentra en un estado de choque enorme.

De hecho, no sabe que está muerto. Ve que las cosas han cambiado pero ignora el alcance de este cambio. Durante algún tiempo cree poder ocuparse de sus asuntos como si todavía estuviera encarnado. Este estado de cosas no se produce sólo con una muerte violenta; a menudo la gente que durante su vida sólo se ha ocupado de sus asuntos materiales sienten lo mismo.

Los espíritus y el más allá

La mayoría de los espíritus se alejan de sus familiares, puesto que saben que el tiempo ya no tiene importancia y que, rápidamente, pueden reencontrar a los seres que aman. Nadie sufre cuando va a la escuela o a la oficina, porque sabe perfectamente que volverá a ver su familia en unas horas.

No es raro que después de la muerte los espíritus se vuelvan errantes. Se pueden encerrar en una morada deshabitada o cerca de aquellos que han amado o detestado, o incluso... de aquellos que les han matado. El conjunto de los espíritus encarnados forman lo que se llama la humanidad que habita la tierra; así, los espíritus que ya no tienen cuerpo constituyen los seres que habitan el mundo invisible. «Si fuese posible levantar el velo que los oculta, aunque fuera un segundo, explica Allan Kardec, veríamos a los espíritus formar una auténtica población alrededor de nosotros».

En el ámbito espiritual, el alma posee un conocimiento que se parece un poco al que un hombre puede tener gracias a los cinco sentidos. Pero, cuando se libera de la materia, la capacidad de conocimiento es realmente ilimitada e involuntaria. Eso quiere decir que sigue utilizando los mismos sentidos, puesto que como cuerpo astral tiene la costumbre de actuar así.

Sin embargo, poco a poco, los espíritus terminan por dominar sus nuevas posibilidades. Para empezar, y según sus propios testimonios, oyen y ven cosas que el ojo y el oído humanos no pueden ni ver ni oír. Ni la oscuridad, ni la distancia, ni el tiempo suponen un problema. La comprensión es para los espíritus instantánea, pero siempre según las posibilidades que han tenido durante su vida. La inteligencia es la única facultad que no aumenta en el estado inmaterial, puesto que siempre la ha definido la capacidad del espíritu para captar esa inteligencia en el mar de sabiduría universal, y no de su cerebro.

Por lo que respecta a los sentimientos, el espíritu, siendo eterno, guarda sus gustos y sus preferencias. Desea la proximidad de sus amigos y de sus parientes; le gusta encontrarse en los lugares en los que ha vivido. Los seres que han partido no dejan de sentir un profundo cariño hacia aquellos que les han amado y que han compartido sus sinsabores y sus alegrías; siguen amándoles e intentan entrar en contacto con ellos, excepto si saben que van a unírseles.

Cuando se encuentra en el más allá, el espíritu encuentra a los espíritus de aquellos que le han precedido en el universo espiritual y otros que ha conocido durante existencias anteriores. Se encuentra muy especialmente con aquellos que más ha amado y que le reciben con ternura cuando llega a la dimensión de los seres intangibles. Estos otros espíritus le ayudan a desembarazarse de los restos de su existencia material.

Ya hemos mostrado que cada espíritu posee una personalidad propia. En la dimensión intangible, algunos espíritus conservan durante algún tiempo las mismas ideas y las mismas referencias que han tenido durante su vida. Es necesario que los efluvios de su signo del zodiaco se apaguen completamente, lo cual en general sólo sucede con un nuevo nacimiento: tendrán, pues, una nueva vida, un nuevo signo y un nuevo cuerpo. Aquellos que no han aprovechado su vida para mejorar, para progresar, se reencarnan más adelante en condiciones análogas a las de la existencia precedente. Para aquellos que, por el contra-rio, han sabido progresar, todos los cambios (nacimiento o muerte) significan siempre un orden moral más elevado. Experimentar una regresión en la escala espiritual es imposible, excepto si la persona lo ha elegido libremente: es el ca-so de aquellos que se orientan hacia las tinieblas del mal, pero eso no se produce cuando el espíritu se ha elevado por sus actos y ha conseguido un cierto grado. Avanzar sobre el camino recto sólo es posible a través de una vida material: hay pruebas materiales que pueden elevar y purificar el alma.

No hay nada en el universo que esté fuera del concepto zodiacal, incluso la dimensión del más allá. Por eso los espíritus conservan la personalidad del signo que les ha marcado durante su vida.

Pero en lo esencial y para entrar en contacto con los espíritus, los signos de Acuario y Piscis son los que, desde los orígenes del hombre, han marcado la unión entre los dominios espirituales y mentales. Mezclan el universo mental y espiritual y hacen posible la inmortalidad y las manifestaciones de poderes conocidas como fenómenos paranormales.

La purificación del espíritu

Según varios eruditos, el espíritu debe pasar por doce vidas antes de purificarse totalmente: se dirige hacia el decimotercer signo, que es aquel bajo el cual nacen las personalidades excepcionales, los caracteres más dotados y más vigorosos.

Se trata de individuos que desprenden una fuerza invencible e irresistible: su ejemplo basta para servir de modelo a los demás, les inspiran buenos sentimientos y buenas acciones.

El objetivo de esta obra no es definir el valor de estas normas, sea cual sea su origen o naturaleza. No se trata tampoco de proponer una orientación social o religiosa. Pero la mayoría de los iniciados reconocen el poder indiscutible del amor que es capaz de ejercer una gran influencia sobre la totalidad del universo. Incluso posee cualidades electromagnéticas que pueden modificar no sólo el carácter de la gente, sino también las condiciones materiales o físicas.

Cada una de estas vidas nace bajo la influencia de un signo diferente del zodiaco. Cada espíritu debe esforzarse en seguir la orientación que le es dada por ese signo: así, si se trata de un espíritu encargado de difundir a su alrededor la sabiduría, deberá adquirirla y difundirla de doce maneras diferentes, adoptar doce criterios diferentes y a veces incluso opuestos.

ACUARIO Y PISCIS, SIGNOS DEL UNIVERSO MENTAL Y DEL MUNDO ESPIRITUAL

Bajo el signo de Acuario, un dios ha decidido otorgar al ser humano (robándolo) un don superior a la misma inteligencia: la inmortalidad. El signo de Piscis representa la posibilidad de comunicarse con el más allá. La dualidad entre la tierra y el agua es importante en el simbolismo del ocultismo, pues el hombre está hecho de arcilla, es decir, de tierra y de agua: por tanto, tenemos las igualdades siguientes:

Agua = espíritu universal o gran mar de la sabiduría
Tierra = materia

LA IGUALDAD ORIGINAL DE LOS ESPÍRITUS

Todos los espíritus vienen del gran alma universal que les comunica influencias diversas y que da a cada uno un carácter diferente y único. Lo mismo sucede con los hombres que son marcados cada uno por los signos del zodiaco. Ya hemos hablado de lo que constatan todos los médium durante su primera sesión: hay espíritus que son mucho más avanzados que otros y algunos que son muy limitados. Estos últimos, en el momento de la encarnación, no han dado prueba de grandes capacidades mentales y, si son buenos, es sólo porque son incapaces de ser malos.

Sobre el estrecho camino que lleva a la perfección, algunos espíritus hacen grandes progresos, mientras que otros son más amigos de las pasiones terrenales: estos últimos se debaten en medio de su ignorancia y de sus imperfecciones. Se aferran a su propia persona, algo que los espíritus más elevados no dudan jamás en sacrificar.

El culto del yo, del ego, es la peor de las catástrofes, la que retiene al espíritu en el ámbito de la materia. Tanto es así que incluso los adeptos de los ritos satánicos empiezan por renunciar a su propia personalidad. Aleister Crowley, el célebre adepto de Satán, obligaba a los miembros de su secta a cortarse la carne cada vez que pronunciaban el pronombre «yo». Tenían que hablar de ellos mismos en términos muy generales, mediante las fórmulas como «alguien desea retirarse». El yo se revela desastroso tanto en el ámbito espiritual como en el ámbito material. Incluso los espíritus y los hombres que se dedican al mal no pueden llegar muy lejos si no renuncian a la grosera atadura materialista que representa el yo.

Las intangibles realidades fantasmagóricas

El célebre juez Edwards, que asistía a una sesión de espiritismo a finales del siglo XIX, tomó mil y una precauciones para asegurarse de que no había ninguna superchería: acabó por reconocer que la existencia de estas entidades desencarnadas era indiscutible, sobre todo cuando hicieron comentarios sobre cosas que Edwards guardaba en la intimidad.

Los espíritus se interesaron por cuestiones más delicadas y sólo se dirigieron a él, hablándole al oído con monosílabos o escribiendo en papeles que sólo el juez podía ver.

Esto atrajo la atención de otras personalidades, como el juez del Tribunal Supremo del estado de Nueva York, John Worth Edmonds, así como de ilustres científicos como W. Lloyd Garrison, Horace Greeley y Robert Hare, profesor de química de la Universidad de Pensilvania.

Es en esta época cuando nace el término espiritismo y cuando empieza a desarrollarse la teoría sobre la naturaleza de los seres fantasmagóricos. Entonces se sabía que tenían necesidad de entrar en contacto con los vivos.

Reacciones diversas

Muchas comunidades religiosas se sienten afectadas por este fenómeno. Pero algunos reconocieron con pasión y honestidad que los espíritus existían. Este fue el caso de varios ministros protestantes que asistieron a sesiones de espiritismo.

En el ámbito de la política, los socialistas americanos eran partidarios entusiastas del espiritismo: para ellos se trataba de una manifestación popular real e ineludible.

Para volver a los Fox, tuvieron que mudarse a causa de la gran popularidad que conocieron las sesiones de espiritismo que se desarrollaban en su casa. También habían recibido amenazas por parte de la Iglesia metodista que los amenazó con la excomunión, lo que acabó haciendo más adelante. En efecto, la familia Fox fue acusada de superchería y de actitud herética.

A esto se añadían las cartas calumniosas anónimas que se metían con ellos de manera especialmente virulenta.

Los Fox no tenían por qué justificarse ante la ciencia, pero lo hicieron igualmente. Después de todo, habían sido los primeros sorprendidos por los fenómenos que se desarrollaban bajo su propio techo.

Cuando se instalaron en su nueva y amplia morada, empezaron a invitar a personalidades que demostraran que no eran charlatanes. Querían demostrar que todo lo que les sucedía era auténtico y que era posible vivir con ellos como se aprende a vivir con vecinos excéntricos, pero respetables.

Casi nadie rechazó la invitación de la familia Fox. Incluso los escépticos temían que su negativa se interpretara como una prueba de temor, de aprensión. Y, después de todo, ¿por qué renunciar a un espectáculo que prometía ser rico en emociones?

Lo que sucedió superó todas las previsiones, incluso las de los Fox. Se creía que todo se debía a las pequeñas Margaret y Kathie, que se habían familiarizado con su función de intermediarias entre los dos mundos: ellas conocían mejor a los espíritus y se mostraban más familiares con ellos que en el pasado. Todo pasaba alrededor de ellas: los fantasmas parecían seguirlas. Los espíritus querían que ellas fueran sus confidentes y mensajeras.

Las pequeñas muy a menudo recibían solicitudes de muchas personas que querían obtener permiso para asistir a las sesiones de espiritismo en el interior del salón.

Además eran interpeladas por espíritus curiosos que también querían asistir a los prodigios.

Una experiencia sorprendente: los espíritus ansiosos

Muchos de los fenómenos que se desarrollaron durante esta sesión pudieron deberse a la presencia de espíritus ansiosos. En el aire aparecían manos jóvenes y finas y otras que tenían el aspecto de ser más viejas: estas manos no dejaban de agitarse, de hacer signos e incluso de abofetear a algunas personas que se encontraban allí. El primer hombre que fue abofeteado era alguien que creía haber reconocido las manos de una mujer que había amado en otro tiempo, pero que no había creído en su amor. No dejaba de girar a su alrededor, de colmarle de caricias y de juramentos. El espíritu se comportaba como un niño tiránico y caprichoso.

Pero un día ella murió inesperadamente. Respecto a él, estaba tan impresionado con su muerte que no consiguió llorar pero se marchó para siempre. Todos estaban convencidos de que la mujer no había sido muy importante para él. Después, una mañana él se despertó llorando y profiriendo unos gritos de dolor como nunca en su vida. En sus sueños, había adquirido la certeza de que jamás la volvería a ver: por primera vez, entendía el sentido de la muerte. Pero, de repente, en medio de una reunión a la cual había asistido un poco por azar, reconocía las manos de aquella a la que había amado. Y ella fijó sus ojos sobre él.

La luz estaba tamizada para permitir que la gente viese mejor las apariciones de los espíritus; también había chispas en toda la pieza, que se desplazaban a toda velocidad e impedían distinguir claramente las imágenes de los espíritus.

Cerró los ojos y se inclinó sobre la imagen de la mano que entonces permaneció inmóvil, suspendida en el aire.

Después, de repente, ella se acercó a él y le abofeteó tan fuerte que él casi cayó de espaldas. Entonces toda la estancia se vio inmersa en el desconcierto y la confusión. Es como si las demás manos hubiesen querido participar en este juego y empezaron a dar bofetadas a todo el mundo. El hombre que había recibido la bofetada primero estaba tan desconcertado que tampoco se daba cuenta de que lloraba: seguía viendo la imagen de esa mano cruel que se alejaba de él y se dirigía hacia el extremo opuesto del salón.

La reacción de los científicos europeos

Esta experiencia, la más importante que se produjo en la época, tuvo una gran repercusión en Europa; en Estados Unidos, desencadenó una crisis de histeria. También en Europa la gente estaba muy perturbada y algunos se mostraron muy dogmáticos. Fue el caso del físico Foucault: «El día en que sea capaz de desplazar tan sólo una brizna de paja con mi voluntad, me horrorizaré. Si la influencia de la materia no se detiene en la superficie de la epidermis, entonces ya no habrá seguridad para nadie en este mundo».

En la época, se daban este tipo de asociaciones: es el caso de las experiencias que el profesor Hare, de la Universidad de Pensilvania, realizó en 1856. Quería demostrar que los objetos podían aumentar de peso bajo la acción de la energía que despliegan los espíritus. Respecto a los alemanes, creían que los fenómenos del espiritismo se debían al magnetismo animal, aunque otras médium (entre las cuales las más grandes), como Federica Hauffe, declararon que este magnetismo no tenía nada de animal. Sólo servía para que los espíritus pudieran hacerse entender, ver, según las posibilidades de cada médium. Alemania ofreció muchos otros médium importantes, como Zollner, Fichte, Ulrici, etc.

La motivación del público

En efecto, esta lucha de los espíritus encarnados alrededor de la realidad y de la presencia de los espíritus desencarnados se convirtió en algo fascinante para el gran público. Este entusiasmo motivó la aparición de varias revistas especializadas y libros que defendían los postulados del espiritismo. Algunos médium declararon incluso que habían transcrito directamente bajo el dictado de los espíritus:

es el caso de *Spirit Teaching* (o Lecciones del espíritu) de Stanton Moses, que proponía un esbozo de teología del espiritismo. Por otra parte, había un gran número de científicos apasionados. Muchos hombres de ciencia carecían de pruebas contra el espiritismo; algunos se unieron a sus teorías. De este modo, muchos acabaron divididos en dos bandos opuestos.

Huxley y Tyndall, por ejemplo, se posicionaron entre los detractores mientras que Crookes y A. Russell insistían sobre el hecho de que había que dedicar un estudio serio a estos fenómenos para conocer todas sus implicaciones y sus consecuencias. Más todavía, el doctor Crookes, que ya hemos mencionado más arriba, había notificado sus descubrimientos a sus colegas para completarlos y recabar su opinión. Él mismo construyó e inventó aparatos de precisión para asegurarse de que no había ningún truco. Los fenómenos observados por Crookes fueron definidos como movimientos de cuerpo pesados, fenómenos de percusión, de ruidos, de cambio de peso de los objetos, de desmaterialización de la materia, de apariciones luminosas en forma de nubes o de miembros humanos, de escritura directa mediante un bolígrafo que se movía sin la ayuda de una persona.

Pero siempre había una urgencia. La British Association (Asociación Británica) analizó todos los elementos durante dos años: en 1876, el profesor Barret, que había asistido a varias sesiones como observador, señaló que había que formar un comité de hombres de ciencia eminentes para investigar a fondo las manifestaciones del espiritismo.

Algunos científicos hicieron descubrimientos por su propia cuenta, lo que dio lugar a anécdotas curiosas... Una de ellas concierne al célebre psiquiatra y criminólogo Cesare Lombroso que, animado por uno de sus amigos científicos, el profesor Chiaia, aceptó ver de cerca a una de las mujeres que él consideraba una bruja histérica, Eusapia Paladino. Se hizo invitar a una de sus reuniones y quedó estupefacto ante lo que vio. Se sentó frente a una mesa redonda en compañía de una docena de personas que juntaron sus manos en círculo; lejos, de repente, sonaron golpes y el mueble se elevó por los aires sin que nadie pudiera hacer nada para retenerlo. Más todavía, se alzó a tal altura que estaba claro que nadie intervenía en su vuelo. Entonces todos los asistentes vieron claramente una campana que flotaba por los aires y que sonaba ruidosamente.

El doctor Lombroso hizo esfuerzos sobrehumanos para no soltar las manos de Eusapia, con lo que demostró que ella no estaba para nada en lo que pasaba. Entonces, como si alguien hubiera leído sus pensamientos, unas manos invisibles empezaron a rozarle el rostro, como insectos.

Tras esta sesión, de la que salió agotado y herido por la sonrisa helada de Eusapia Paladino, el doctor sólo pensaba en asistir a una segunda sesión. No tardó en conseguir lo que quería y allí vio cómo un candelabro se puso a volar hacia un plato de harina que se giró completamente sin que cayera un solo átomo de harina. Después de hablar un instante con la médium, salió de esa casa.

Recordemos que toda la experiencia se había desarrollado en la máxima claridad y que ninguna trampa era posible. Lombroso ya no era el mismo hombre, como él reconocería unos meses más tarde cuando escribió: «Estoy en un estado de confusión enorme; estoy abrumado porque he luchado contra los hechos que produce el espiritismo; y digo "los hechos" porque sigo siempre oponiéndome a la teoría». En cualquier caso, lo había visto con sus propios ojos. Lo demás lo vio más adelante, durante las diecisiete sesiones que Eusapia organizó en su honor y en el de muchos otros científicos, como los médicos Schrenck-Notzing y los físicos Gerosa y Ermacora. Todos pudieron ver muy claramente a Eusapia elevarse sobre la mesa, sentada en su silla en medio de un estrépito ensordecedor y de una nube de fogonazos, chispas y silbidos de todo tipo.

Se hicieron moldes de cera de las materializaciones de ectoplasma que Eusapia había secretado. Ella fue examinada por un número increíble de expertos y de científicos. Las reacciones fueron en general de sorpresa y, a veces, de orgullo. Unos la trataron con una grosería evidente, sin conseguir que perdiera su actitud tranquila y su sonrisa glacial. Era evidente que estos científicos la temían, estaban horrorizados ante la idea de que una ruda campesina pudiera tener contactos sobrenaturales, pero se vieron obligados a admitirlo. En otras palabras, tuvieron que aceptar que lo sobrenatural era más plausible que lo natural y esto es lo que les irritaba más, hasta hacerles olvidar su condición de hombres de ciencia y de *gentleman*.

Espiritismo y astrología

Hay que determinar exactamente la influencia que los poderes astrológicos ejercen sobre el espíritu. Habíamos pasado por este tema después de hablar de la entrada y la salida del espíritu en el huevo del zodiaco. Ahora vamos a desarrollar esta información en lo que respecta a todas las funciones que se atribuyen al cerebro como receptáculo de la inteligencia: de hecho, estas funciones llegan al espíritu, que las conserva después de la muerte.

Un antiguo egipcio que estaba iniciado en el espiritismo declaró que el cerebro es como un pez en el mar. Eso quiere decir que este órgano se en-cuentra en contacto, a partir de la materia, con el flujo electromagnético, componente del mar de la sabiduría en que se encuentra inmersa la totalidad del universo. La dimensión de los espíritus también se encuentra sumergida en ese mar.

Este flujo determina en el ámbito individual (a partir del yo) la relación del cerebro con el universo, con el vínculo poderoso del individuo y la divinidad. Esta aporta la inmortalidad al individuo, por lo menos en lo que respecta a su espíritu; de hecho, la sabiduría infinita procede de Dios y tiende a volver a Él en un flujo y un reflujo eterno que lo envuelve todo.

Por eso en la Antigüedad, se consideraba el agua como símbolo de la existencia de la sabiduría. El signo de Acuario representaba esta voluntad de Dios que la distribuyó a todo el universo en general y al hombre especialmente. Todo esto se simboliza con la figura de un dios que vierte un cántaro de agua en la boca de un pez del Sur, que la recibe con avidez: son las revelaciones esenciales sobre la realidad de la inteligencia y la totalidad de lo que llamamos fenómenos paranormales.

El símbolo de Acuario contiene toda una paleta de símbolos. Para empezar hay una división entre lo que conceden las aguas superiores y las aguas inferiores: las primeras son las del conocimiento y las segundas las de la unificación o la comunicación.

La gente de la época tuvo suficiente con ver que un pez sacaba la cabeza para recibir un chorro de agua y comprender que se trataba de una imagen. La sed de este pescado es la de la humanidad entera, la que favorece el espíritu. El medio en que evoluciona el pez, el océano, es el mar lleno de energía, de aura, donde nosotros evolucionamos, donde estamos inmersos y que, sin cambiar nuestra individualidad, nos une unos a otros en un ser único, lo cual nos permite participar en el impulso creador general y universal.

El aliento de la vida y el mar de la sabiduría

Es un aliento que ha dado la vida a los hombres, como se encuentra en la Biblia y en otros escritos de la Antigüedad; pero, según los textos, este aliento primitivo ha nacido de una estrecha relación con el agua, pues fue el aire (elemento, de Acuario) que llevó hasta la cabeza del hombre el agua de la consciencia.

Este agua había tenido más de un contacto con la divinidad, como se indica en el Génesis, cuando habla del origen terrestre: «El espíritu de Dios aletea-ba sobre las aguas».

En otras palabras, y de acuerdo con la visión iniciática del universo, el aliento de la vida ha nacido de las aguas: reencontramos aquí los signos de Acuario y de Piscis.

La diferencia reside en las posibilidades del cerebro. Es aquí donde las Escrituras indican que Dios ha hecho una distinción entre el cerebro humano y el del animal: es la diferencia que hay entre las aguas superiores y las aguas inferiores. Todas vienen del mar de sabiduría o mar cósmico. Las aguas inferiores son las de la inteligencia material, llamada funcional: es la que corresponde a la asociación de ideas, a los reflejos condicionados, al registro mecánico de la memoria, etc. Y la inteligencia superior nos permite acceder a las realidades del espíritu, a lo que es temporal e intemporal, a la perfección y al pecado, a lo divino y a lo diabólico.

La telepatía, especialidad de Piscis

La telepatía no se produce porque el aire transporta los sentimientos, sino porque el espíritu registra y acoge todo lo que posee en el agua y este agua es la energía universal cuyo cerebro humano es el «pez privilegiado». De aquí surgen las imágenes cristianas de los pescadores de almas que lanzan sus redes al mar y que pescan muchos peces. Pero, por otra parte, hemos indicado que el aire, siendo un elemento de Acuario, es justamente el elemento que conduce el agua; la asociación de estos dos elementos se repite siempre en el ámbito de la parapsicología y del espiritismo, aunque los espíritus salidos de Piscis y de Acuario son aparentemente incompatibles.

Dos personas cada una de uno de estos signos sólo pueden unirse si Piscis renuncia a su interioridad y Acuario abandona su orgullo.

El túnel de Mercurio siempre será el lugar de paso de los espíritus que, aunque sigan atados a un cuerpo vivo, pueden viajar en la dimensión inmaterial. El instrumento que les permite realizar este viaje es la inteligencia humana y la mayoría de sus posibilidades todavía se desconocen actualmente.

FUNCIONES TELEPÁTICAS EN EL CEREBRO

La verdad es que el centro en que se captan las ideas llegadas de arriba, como indicaban los antiguos, así como las funciones telepáticas, se encuentra en la cima del cráneo.

Esto se comprobó durante sesiones de experimentos que hacían cambiar constantemente de habitación a los sujetos así como a los agentes.

Se ha constatado que las transmisiones telepáticas propias de Piscis se efectúan con una eficacia incrementada cuando el agente que proyecta el pensamiento se encuentra en una de las habitaciones situadas encima del sujeto, el receptor del pensamiento.

Todavía se obtienen más éxitos cuando el sujeto se estira en un diván, la cabeza inclinada hacia una de las habitaciones en las que se encontraba el agente. En este caso, las dos personas estaban en el mismo piso.

Esto confirma, después de milenios, el hecho de que muchas transmisiones espontáneas las reciben sus destinatarios cuando están acostados mientras duermen. Por tanto, estos mensajes se manifiestan a menudo en el sueño.

Aquellos que han podido medir la energía que viene del cielo describen este fenómeno como una serie de reverberaciones que, para el sujeto como para el agente, se repercuten en la parte superior de la cabeza. Alguien lo ha comparado a una caja llena de luz de la cual se levanta la tapa para dejar alejarse los pensamientos, que flotarían en el espacio; después, llegan a otra cabeza que los absorbe. La mente de una persona que ha muerto en condiciones dolorosas actúa impregnando con sus pensamientos el entorno que acaba de dejar. Así, una persona que tiene una sensibilidad de médium podrá establecer un contacto con el espíritu del difunto.

También hay que considerar expresiones tan antiguas y universales como «tener un espíritu abierto» o «tener un espíritu receptivo» que confirman que hay en nosotros una puerta de entrada. Y, si existe una entrada, es que la función complementaria de salida también existe.

La parte superior de nuestro cráneo se abre para dejar salir a las ideas, que son como esferas de luz. De aquí nace la idea de que el talento se manifiesta como una luz y las expresiones «espíritu brillante» y también «tener luces», que ilustran perfectamente las ideas que acabamos de desarrollar. Por eso se compara la aparición de una idea con una bombilla que se enciende.

Según las leyendas, los dioses y sus hijos mortales que nacían de sus uniones ocasionales con los humanos tenían el don de leer en los espíritus. Más adelante, los sacerdotes y los augures también lo tuvieron: se dedicaban al culto a las divinidades o a prácticas adivinatorias diversas y se comunicaban sin cesar con el más allá.

Cinco siglos antes de Cristo, el filósofo griego Demócrito estudió todo lo que se relacionaba con la telepatía, para aclarar el misterio de su funcionamiento: llegó a formular su célebre teoría ondulatoria que coincide con la antigua imagen del mar o del lago de sabiduría, alimentado por el inagotable cántaro de Acuario.

Las antiguas creencias

El hecho de inclinarse, de hacer una reverencia o de quitarse el sombrero anuncian una disposición en la persona que consiste en ofrecer su auténtica naturaleza, su esencia, el poder de su espíritu. Recibía así el mensaje de otra persona que se juzgaba digna de entrar en su propio espíritu.

En otras palabras, se trata de la manera más respetuosa de jugar el papel de receptor de ideas o, si se prefiere, es el acto de ofrecerse de manera incondicional como elemento telepático pasivo (sujeto) a un elemento telepático activo (agente). La cabeza que se inclina e incluso que desciende cuando el hombre inclina su busto se representa perfectamente en el signo del *yin* y el *yang*.

El gesto de quitarse el sombrero encierra las mismas intenciones: eliminar los obstáculos de la parte superior del cráneo para facilitar una mejor recepción del pensamiento que el emisor desea transmitir. Es que todos los sombreros representan un obstáculo y por eso los magos de la Antigüedad, como hemos visto antes, utilizaban gorros que dejaban al aire libre la cima del cráneo.

El pelo también se considera, por sus propiedades eléctricas, como un obstáculo para la recepción de los mensajes celestiales; por eso los sacerdotes y los monjes tenían por costumbre afeitarse la cabeza o sólo una parte. Es la costumbre que siguen muchas cofradías católicas pero sin recordar su origen, pues se consideraba que esto procedía de brujos y magos y se condenaba. ¿Cómo habrían podido explicar que preparaban su cabeza para recibir la lluvia de Acuario y las corrientes de Piscis?

En esta misma serie de observaciones, encontramos la antigua costumbre de obligar a las mujeres a llevar un sombrero en el templo, puesto que las ideas de los hombres no debían entrar en un receptáculo impuro, especialmente si la mujer tenía su ciclo menstrual en el momento de la oración.

Hay que recordar que no se trataba de un simple capricho misógino, como subrayan los mismos que no son feministas, sino de prevenciones, de precauciones fundadas sobre tradiciones antiguas. Recordemos que la energía íntima de cada uno tiene una gran influencia sobre lo que nos rodea y sobre el conjunto del universo.

PRIMERAS INVOCACIONES DEL ESPIRITISMO

En los medios espiritistas, se acepta la idea de que el hombre no ha sido el primero en invocar a los espíritus; por el contrario, serían las entidades espirituales las que se habrían dirigido al hombre desde que su cerebro fue capaz de razonar, emitir y recibir mensajes.

Entidades diversas, dioses, demonios, espíritus malignos o benévolos han tenido necesidad de él y de su cerebro, para poder acceder a la dimensión espiritual y ejercer su influjo de diversas maneras.

Para hacerse invocar, estos espíritus le enseñaron a cazar, a construir, a sembrar, a cosechar y a utilizar un número ilimitado de técnicas para poder sobrevivir en mejores condiciones. Esto explica la profusión de dioses y diosas dedicados a la fertilidad, la fecundación, la guerra, la abundancia, etc. Estas creencias estaban difundidas en la Antigüedad y provocaron una Edad de Oro espiritual.

Por otra parte, cada vez más eruditos fechan la telepatía antes de la emergencia del lenguaje. Recordemos que se trataba del envío y la recepción consciente de un pensamiento, de un mensaje de un espíritu a otro.

El hombre prehistórico, incluso antes que el hombre de Neandertal, utilizaba palabras que no formulaba para entrar en contacto con los de su especie. Se dirigía así a los animales que le acompañaban, como el perro, o incluso a la caza que huía, a los animales salvajes que le atacaban. Aprendía a defenderse gracias a una nueva fuerza que aprendía a controlar. Es muy probable que el hombre haya recibido de los dioses las fórmulas adecuadas para invocarlos.

El beneficio de la telepatía estaba destinado a durar como uno de los dones de los signos de Acuario-Piscis, aunque durante un tiempo se creyó que iba a desaparecer. A menudo se reserva a la comunicación con las más altas instancias espirituales. Esto confirma que no tiene carácter mercurial, porque la utilización de este don necesita una gran concentración, mientras que lo que es mercurial es ligero, aéreo y superficial.

Esto explica por qué no se entiende la utilidad de las pinturas realizadas por el hombre prehistórico. Se afirma equivocadamente que se trata de las primeras demostraciones artísticas de la humanidad. De hecho, estos hombres pintaban sobre las paredes de las cuevas de Lascaux y Altamira para entrar en contacto con el más allá. El espíritu se proyecta más fácilmente y con más claridad en las imágenes que en las palabras, sobre todo si el emisor se concentra con todas sus fuerzas en lo que dibuja. Es en este mar de Piscis que los receptores captan los mensajes telepáticos que los emisores envían.

Las pinturas rupestres no son manifestaciones de la inclinación artística del hombre prehistórico, puesto que el ser humano recurre a la creación artística intentando superar a través de ella los propios límites del lenguaje para expresar conceptos espirituales y muy concretamente el concepto de belleza.

Este no era el caso del hombre prehistórico, cuyo espíritu nuevo tenía más necesidad de conocer estas posibilidades materiales que de emitir sus conclusiones sobre valores que tardaría siglos en descubrir. En efecto, pintaban para su placer y el de sus congéneres. Eso se debe a la influencia de los Piscis que, como hemos visto, es el signo que simboliza el talento artístico.

TELEPATÍA Y SABIDURÍA

Cada vez más se cree que el hombre ha utilizado este don para atraer a los animales salvajes allí donde le convenía para apresarlos. Les llamaba como se llama hoy a los delfines, los perros y otros animales que reciben entrenamiento en bases militares para servir en caso de conflicto.

Hoy que la nueva era de Acuario da otra vez la sabiduría a todo el mundo, se acepta cada vez más las palabras de Einstein que, en su obra *La evolución de la física,* señala que la realidad es un campo que impregna la materia y el hombre: más adelante añadirá que «acabaremos por encontrar un punto de contacto entre la esfera de las ideas y la de los fenómenos».

Este vínculo será, sin ninguna duda, el aura o energía universal que está en interacción con la vida individual.

TELEPATÍA Y ARTE

Muchas personas dotadas de una gran capacidad artística reconocen que nunca admitirían que sus obras son de verdad suyas: en todo momento les parecía recibir mensajes de una entidad espiritual, de manera casi telepática.

Por otra parte, las musas de la Antigüedad no son fruto de la invención, es decir, que quizás es una realidad inventada porque no había personajes, pero seguro que el cerebro recibía su inspiración de lo que se llama mar de sabiduría.

Ciencia y espíritu

Hay una teoría que pone en relación las diferencias visibles de los cerebros con los diferentes niveles intelectuales, excepto en algunos casos patológicos, como la microcefalia.

Sin embargo, interrogado sobre la esencia de la inteligencia, un científico americano, el profesor White, respondió: «No sé. La inteligencia se puede medir y se define por analogías, pero no se puede afirmar que está constituida de una vez por todas.

»No podemos explicarlo químicamente ni eléctricamente. Si estudiamos el cerebro de un genio es en todo punto similar al de un imbécil. Su materia es la misma. Nadie puede decir qué hace de un hombre un matemático brillante, de otro un músico maravilloso y de un tercero un terrible asesino».

Además, en seguida hay que admitir que el cerebro no es el órgano del pensamiento, por lo menos no del pensamiento elevado, creador, del que no es un simple producto de asociaciones de ideas o analogías.

El cerebro, por el contrario, es un instrumento frágil, hecho para captar las luces intelectuales como los reflejos acuáticos de las luces del cielo.

La capacidad de asociar las ideas entre ellas es una de las facultades del hombre y pertenece a las funciones que el cerebro logra por sí mismo. No sucede lo mismo con el poder creador, definido como el ingenio, la inspiración, el talento y por otros sinónimos, de naturaleza superior y que procede de una dimensión espiritual con la cual el cerebro está en relación, como una antena respecto a un emisor.

Varias civilizaciones, y muy especialmente las civilizaciones orientales, siguen considerando el cerebro como un instrumento que, bien orientado, debe captar la voluntad de su Creador y al mismo tiempo llevar la verdad al hombre. Esta función se define de manera doble en el zodiaco: es la función de Acuario que se corresponde al movimiento del cielo hacia la tierra y la de Piscis para mostrar el movimiento de la tierra hacia el cielo.

Algunos hablan incluso de un aire que a veces es visible como una joya que lanza destellos sobre la cima de la cabeza o sobre la frente. Según algunas personas, la capacidad espiritual para ver la naturaleza se situaría sobre la frente y la de escuchar estaría situada sobre la cumbre de la cabeza.

El cerebro: receptor de ideas

A partir de la realidad telepática podremos poner en evidencia que el cerebro no es, a fin de cuentas, más que una gran antena y no el órgano de donde surgen el pensamiento y la personalidad. También hay que hablar de la energía contenida en el cosmos y de su influencia en todo el universo.

Veremos que este órgano no produce las ideas como se ha creído durante mucho tiempo: por el contrario, las adapta y las coordina, las ajusta a condiciones como el tiempo y el espacio. En este contexto, se acabará por reconocer que la telepatía es una de las muchas funciones que la auténtica naturaleza del cerebro puede presentar. No es una de las más útiles en este momento, aunque lo fue en el pasado: a la telepatía debe la humanidad su supervivencia y su paso exitoso de la condición de simio a la de hombre. Gracias a ella, ha sobrevivido desde que es bípedo, es decir, desde hace 5.000 años. En ese momento, el cerebro empezó a crecer y la mano dejó de ser un instrumento motor para convertirse en un instrumento inteligente y capaz de realizar tareas diversas. Así, el hombre tenía necesidad de una técnica más elaborada para adaptarse a su medio y de poder cazar de manera más eficaz.

La única cosa que nos podría mantener sobre un pedestal de semidiós es el hecho de vernos rodeados del mar lleno de sabiduría de Piscis: se trata de un mar compuesto por todos los efluvios del universo y en el que las olas nos rodean y nos comunican una inteligencia esencial. Pero hay que reconocer que hoy todavía tenemos casi todo en común con el chimpancé: un 99%. El feto humano y el de un simio se parecen mucho.

La diferencia esencial entre el hombre y el simio es este don cerebral que emana de Acuario, don que permite captar y no sólo asociar las ideas y la sabiduría a partir del mar universal.

Este océano, llamado también alma universal por los iniciados de todos los tiempos, no está aislado con relación a la divinidad, sino que es una manifestación más de su naturaleza. Desde la Antigüedad llamamos a esta naturaleza mar de la sabiduría o, si se prefiere, mar del bien y del mal. Sobre la auténtica función del cerebro, vivimos en el error desde hace milenios: Hipócrates definió el cerebro como el lugar de origen de todos los talentos artísticos. Sólo se trata de una antena hecha para captar la información, idéntica para todos los seres humanos, como admiten los medios científicos. Es la idea que defiende Chauchard en su obra *El cerebro humano*: «Escrutamos en vano el cerebro de los grandes hombres y de los grandes criminales, pues todos los cerebros se parecen y las investigaciones individuales no muestran ningún paralelismo con la inteligencia».

LAS DIFERENCIAS EN EL CEREBRO

«En el plano patológico, dice el doctor White, no hay ninguna correlación sólida entre las lesiones cerebrales y las funciones intelectuales. En efecto, lesiones cerebrales que afectan gravemente a los nervios centrales causarían retraso mental; pero todas las lesiones no van acompañadas de un retraso. Por otra parte, las experiencias de lobotomía no han conseguido demostrar la naturaleza precisa de las relaciones entre la inteligencia y el sistema nervioso central. Los trabajos de J. de Ajuriaguerra y de H. Hecaen sobre el córtex demuestran la dificultad de localizar la inteligencia y también establecen la diferencia fundamental entre el déficit funcional y el déficit intelectual. En algunos sujetos, las alteraciones del trazo del electroencefalograma, que aparecen cuando hay un retraso mental, son de orden funcional, porque no ha habido madurez suficiente ni anatómica, ni debida a la lesión. Por otra parte, estas alteraciones desaparecen espontáneamente hacia los doce años sin que el nivel mental de la persona disminuida intervenga en este proceso».

El cerebro es el mismo para todos. Para explicarlo con una imagen, no se puede decir que la radio no funciona, es la antena que está estropeada.

En resumen, la función del cerebro es acceder al conocimiento y captarlo, organizarlo y orientar a la persona para que lo pueda utilizar. Lo importante es situarse en la buena longitud de onda: no siempre es fácil encontrar las condiciones ideales porque hay muchos fenómenos que el ocultismo debe investigar, ya que la ciencia no quiere reconocerlos.

Hay muchos casos de niños que se metamorfosean intelectualmente y que, un buen día, por motivos misteriosos, empiezan a comprender cuando antes eran incapaces. Sucede lo mismo cuando buscamos una frecuencia girando la antena de una radio.

Se ha tratado al cerebro como si fuese un órgano productor de lo que en realidad sólo capta: es un formidable receptor que sabe mostrarse selectivo, pero todos los canales de comunicación no están siempre libres ni son fieles, según las personas.

Muchos científicos creían, y sin ninguna razón, que todo se encontraba en el interior de ese kilo de carne e intentaban localizar directamente las funciones psíquicas complejas en el córtex: las funciones de la palabra, la escritura, las matemáticas.

Se llega incluso a buscar el centro fisiológico de los impulsos religiosos. El psiquiatra alemán Kleist busca indicar el círculo cerebral que determina este fenómeno psicosociológico complejo que es la sensibilidad religiosa. De hecho, es una de las consecuencias más groseras derivadas de la creencia de los científicos que buscan demostrar que el cerebro es el punto de partida de las ideas.

LOS DIFERENTES TIPOS DE INTELIGENCIA

En otras palabras, el conocimiento y todas las demás posibilidades no se encuentran en el cerebro sino en relación con él y, desde luego, no hay que confundirlas con las facultades de la memoria, por ejemplo.

La reserva de posibilidades del cerebro es simplemente inmensa. El doctor Sève indica, para definir precisamente la naturaleza de esta masa que encierra todavía grandes secretos para el hombre y para la ciencia, que el cerebro del hombre cuenta con abundantes neuronas y aporta el sistema mecánico que permite el progreso cultural.

Afirma de manera tajante que el cerebro del más gran científico y el del hombre de las cavernas son exactamente iguales. Nosotros añadiremos que la diferencia radica en la posibilidad de captar más o menos directamente los mensajes o las corrientes que se encuentran en la totalidad del universo.

Sève añade: «En efecto, hay una diferencia real de inteligencia entre esos dos cerebros. Pero en el estado actual de nuestros conocimientos, hay que atribuir esa diferencia a la diversidad de las condiciones que permiten activar sólo una parte de las inmensas posibilidades del cerebro». Lo que varía, es su capacidad de contacto; en lo que respecta a la parte mecánica, los dos cerebros son idénticos.

Manifestaciones e influencias del espíritu sobre la inteligencia

El flujo del conocimiento que surge del cántaro de Acuario y que da nacimiento al mar de sabiduría, del que ya hemos hablado, ha sido entrevisto por muchos científicos que han concebido varias teorías al respecto.

Hay que destacar entre ellas la que ha formulado el profesor inglés Firsoff que él mismo ha denominado *mindon*, a partir de las palabras inglesas *mind* (espíritu) y *on* (encendido): según él, habría un agente que activaría el cerebro y le estimularía a actuar de una manera u otra. Este agente orientaría el cerebro hacia la dirección más favorable.

Firsoff sostiene que las informaciones mentales y espirituales podrían desplazarse en el cosmos y encontrarse en contacto unas con otras. Todo esto formaría el fluido creador acumulado en el universo y que se encuentra en el océa-no de Piscis.

Concluye diciendo que esto aportará una explicación a los fenómenos parapsicológicos como la telepatía y la videncia. Nuestro sistema solar sería el crisol de una masa enorme de informaciones espirituales que estarían ahí desde la Creación. Estas informaciones serían accesibles de diferentes maneras, por ejemplo mediante la astrología, que sería el sistema más completo desde la Antigüedad. Por lo que respecta a la naturaleza del pensamiento y a su manera de viajar de un espíritu a otro, muchos telépatas norteamericanos la conciben como una cosa en movimiento. Otros pilares del espiritismo están totalmente de acuerdo con esta visión, como el doctor Ochocowitz de la Universidad de Lemberg. Ochocowitz afirma que «los pensamientos forman una parte importante de la realidad sensible y que están llenos de cualidades psíquicas», es decir, que tienen la posibilidad de actuar en las dos dimensiones. Los pensamientos viajan gracias a las antenas del cerebro que los captan en la dimensión inmaterial. En consecuencia, el cerebro da a los pensamientos la forma más conveniente según las circunstancias en los que se utilizan.

La gran maestra del ocultismo, Annie Besant, y C. W. Leabeater indicaron y demostraron que «todo pensamiento engendra vibraciones capaces de actuar sobre la materia del cuerpo mental». Según esta teoría, pudieron afirmar que los pensamientos dan nacimiento a los colores según su naturaleza o la naturaleza de la persona y su energía.

Por lo que respecta a sus rasgos, hay que destacar que sólo los pensamientos que vienen de un espíritu claro muestran una composición lineal bien dibujada, simétrica en su trazo.

La versión más aceptada actualmente es la del físico inglés Whately Carrington, que sostiene que el pensamiento posee una estructura molecular: estas moléculas, al igual que sucede con los átomos, se asocian entre ellas no sólo en la mente de cada uno, sino también de una mente a otra. Eso crea una atmósfera propicia a la difusión de las ideas. Por este camino volvemos a la figura del océano de Piscis.

Respecto a nuestra inmersión en el océano de Piscis, el físico francés J. E. Charon propone otra teoría que ha atraído la atención de la comunidad científica mundial: el hombre y las cosas, la materia, se componen de átomos y de electrones, que son las partículas fundamentales que forman estos átomos. Charon expone el concepto de que algunos electrones, que denomina *eones*, son portadores del espíritu y que la materia de la que el hombre está hecho constituye una psicomateria (cf. *Le Monde éternel des éons* [El mundo eterno de los eones], Du Rocher, 1987).

El punto de contacto entre el espíritu y la materia

En efecto, el eón o electrón espiritual posee una naturaleza inmortal y su objetivo es adquirir sin parar una masa de informaciones para mantener la evolución de la consciencia y permitir que acceda a diferentes niveles de relación con el cosmos. Es decir, lo que acabamos de explicar es la confirmación del objetivo esencial del espíritu, que es alcanzar la perfección. Pero para poder captar esta información, hay que empezar por impregnarse de influencias astrales: también influyen los eones del individuo y le dan las informaciones básicas.

También es verdad que cada individuo posee millones de eones que actúan en él. Estos cones están dispuestos en forma de pirámide, la forma que las antiguas civilizaciones egipcias y de la Atlántida consideraban como la más perfecta. En la cima de la pirámide se encuentra un eón único, el coordinador del espíritu.

J. E. Charon afirma que los eones son inmortales y que se reencarnan: tienen plena consciencia de sus existencias pasadas, pero lo más importante sigue siendo el signo del zodiaco del momento. También hay que recordar que los eones se encuentran en todas partes donde existe la materia.

Glosario

ABA
Uno de los seres buenos, angelicales, mencionado en los escritos cabalísticos. Ejerce un influjo sexual sobre los humanos, como Abalidot, Amabiel, Anaet, Flaet, Sachiel y Sarabatos.

ACHEMA
Cuerpo astral, llamado también periespíritu. Constituye para el ocultista una de las cuatro formas de los cuerpos físicos.

ADÁN KADMON
Noción cabalística sobre el espíritu universal. Influye sobre todos los seres humanos y sobre el conjunto de los seres vivos (sobre todo, los animales).

ALMA
Esencia vital e inmortal del ser humano. En general, se la considera como el equivalente del espíritu. El término alma es de origen griego y significa sobre todo viento, huracán, pasión, todo lo que representa la potencia que se concedió al hombre cuando se separó de los animales. Supera la condición temporal, nace y muere exclusivamente con el objetivo de mejorar su condición material: el cuerpo es entonces el punto de lucha para confirmar o, por el contrario, reafirmar el nivel que tenía el espíritu en su antigua condición inmaterial. La doctrina del espiritismo cree que el alma conserva el recuerdo de la persona que ha estimulado su vida durante su existencia material. En otras palabras, se trata de la misma persona que ha debido abandonar su cuerpo porque este ha muerto. Libre del cuerpo, el alma proseguirá su camino, liberada de todas las contingencias materiales. Contará con una gran cantidad de energía, que no le puede faltar para volver a su punto de partida. Añadamos que el alma guarda la personalidad y la inteligencia que poseía durante su vida, excepto los rasgos

propios a la condición inmaterial: en los seres humanos, el cuerpo se apaga ante el signo del zodiaco al que pertenecía.

ANANCOLOGÍA

Ciencia que estudia el destino. Es un neologismo inventado por el erudito francés A. Lenormand para designar el estudio estructural del destino individual, según la definición del húngaro L. Szondi. Szondi era un discípulo de Freud y es el autor de *La psicología del antidestino*, en la cual encontramos este término.

ÁNGEL

Entidad espiritual pura y mensajero entre el Creador y sus criaturas. Se les llama también, según sus funciones, arcángeles, querubines o serafines. Los ángeles son, en la mitología judeocristiana, el polo opuesto de los demonios y los diablos, que son ángeles malos. En la jerarquía celestial, ocupan el noveno lugar que también es el último.

ANIMISMO

Término que designa el culto antiguo que los pueblos de la Antigüedad rendían a los espíritus, con los cuales estaban en contacto permanente. Se llama así también a la doctrina que designa el alma como principio primero en todos los fenómenos vitales; se incluyen también las experiencias de médium en que un espíritu no participa.

ANTONISMO

Doctrina del espiritismo fundada en 1888 por el obrero metalúrgico Louis Antoine. A través de esta doctrina intentó explicar sus increíbles facultades curativas. Consiguió reunir a casi 150.000 adeptos y fieles a principios del pasado siglo XX, sobre todo en la región de Valonia. Sin embargo, a la muerte de su fundador, esta doctrina desapareció progresivamente.

ANTROPOSOFÍA

Doctrina fundada en 1910 por Rudolf Steiner, médium. Creía que los espíritus debían reencarnarse hasta que pudieran alcanzar un nivel de dignidad que los acercara a la divinidad.

APARICIÓN

Visión irreal de la presencia de un ser humano, en vida o cuando ya ha muerto. En el primer caso, se le llama duplicación o exteriorización verdadera. En el segundo caso, este fenómeno se define como fantasma sobre todo si la aparición tiene lugar en la noche del sábado al domingo.

El historiador romano Tácito explica el caso más antiguo de exteriorización. El emperador Vespasiano vio en el templo de Serapis de Alejandría a un tal Basilio, que en ese preciso momento se encontraba a unos 120 kilómetros de esa ciudad. Entre los casos de aparición de fantasmas, William Crookes describe las apariciones que había logrado Florence Cook al invocar el espíritu de Kathie King. Se conoce muy bien el caso de la médium Marthe Béraud que, en Argelia, invocaba al espíritu de Ben Boa.

Hay que hacer una distinción entre los casos de apariciones de tipo objetivo, es decir, las apariciones de fantasmas y espíritus, y las apariciones de tipo subjetivo, que puede captar una sola persona.

ARCÁNGEL

Entidad espiritual que pertenece a un orden superior (ver *Ángel*). El término ángel es un término genérico que se aplica a todos los espíritus puros. Hay varios niveles de elevación y toda una jerarquía. Los que se encuentran en la parte superior de esta jerarquía son los ángeles, los arcángeles y los serafines.

ARQUEISMO

Espíritu del universo. Es la doctrina difundida por Paracelso y conocida con el nombre de arqueismo (del griego *arjé*, principio), según la cual las funciones orgánicas de los animales son obra de un espíritu vital que habita en ellos. Según la mayoría de las creencias surgidas del espiritismo, se rigen por el principio espiritual universal que armoniza la condición de todo lo que se ha creado, incluso los minerales.

ARTAME

Cuchillo utilizado durante ceremonias mágicas y algunos ritos. En general, se llama así a todo instrumento cortante que se utiliza en una ceremonia ocultista.

ARTE ESPIRITUAL

Sistema que utilizaba con éxito el teósofo sueco Swedenborg para invocar a los espíritus. Según él es un auténtico acto de creación, que exige una gran sinceridad y una gran disponibilidad: se trata de un primer mensaje que se proyecta, que se envía y de un segundo mensaje que se recibe.

BORTISMO

Culto surgido del espiritismo y establecido por el sacerdote Bort en Ginebra, en el siglo XIX. En fechas fijas, los adeptos de este culto se reunían alrededor de una mesa giratoria que tres médium movían sin tocarla.

BRAID, JAMES

Médico escocés (1795-1861), discípulo de Mesmer. Siguió las prácticas de su maestro en el siglo XIX sobre el magnetismo animal.

BRUJOS

En el pasado, individuos que predecían el futuro, tiraban las suertes y preparaban todo tipo de pociones mágicas. Por extensión, todos aquellos a quienes se atribuyen facultades sobrenaturales. Los fenómenos que se producen bajo la influencia de algunos médium demuestran que el poder atribuido a los brujos se basa en una realidad concreta, aunque algunos charlatanes hayan abusado y desnaturalizado algunas prácticas.

CADENA DEL ESPIRITISMO
Contacto entre las manos de las personas presentes durante una sesión de espiritismo. Esta cadena debe tocar la mesa, aunque los asistentes al principio están por todo alrededor.

CAPA PSÍQUICA
Teoría que supone la existencia de un fluido capaz de penetrar en los cuerpos.

CASA DE FANTASMAS
Casa en la que se manifiestan una o varias apariciones.

Este fenómeno se produce gracias al psiquismo que impregna las paredes, el suelo o el techo, sobre todo después de un asesinato, un suicidio o cualquier hecho luctuoso y trágico.

Plinio el Joven nos explica en sus *Cartas* (VII, 27.6) el caso de Atenador, que intentó tranquilizar a los fantasmas ruidosos de una casa en la que tenían lugar apariciones.

CATALEPSIA
Estado del organismo humano: los miembros y los movimientos voluntarios quedan suspendidos y el sujeto ya no se mueve, como si estuviese muerto. A menudo se ha confundido este estado con la muerte. De hecho, es una parálisis total de los músculos cuando empieza el trance hipnótico. Para un faquir, eso equivale a la rigidez del cuerpo que se llama también segundo estado.

CHAKRA
Centros místicos situados entre la columna vertebral y la cima del cráneo. Poseen poderes divinos que el hombre perdió en el momento de su caída, pero estos poderes no se han perdido totalmente, pues siguen manifestándose en el hombre. Según la doctrina hindú, hay siete chakras y, según el budismo, tan solo cuatro.

CHAMANISMO
El término chamán procede de las estepas del sudeste de Asia y significa mago. Hoy designa una especie de religión de los nómadas que creen en las fuerzas de la naturaleza, entre las cuales se encuentran los espíritus de los ancestros. Estos influyen sobre los humanos sólo a través del sacerdote o chamán.

CÍRCULO MÁGICO
Trazo mágico que tiene una facultad protectora. Puede dibujarlo un mago con un dedo, de manera real o simbólica, en el aire. El círculo mágico tiene como objetivo proteger al mago e impedir que entren los malos espíritus que invoca.

Estos están obligados a obedecer a las órdenes del médium o del mago. Del mismo modo, en la tradición mágica, el círculo mágico representa al ser humano enzarzado en sus elucubraciones.

CLARIVIDENCIA

Es la facultad de ver o de adivinar lo que está oculto. La forma más corriente es la telepatía espontánea. Se la llama también séptimo sentido.

Según M. Verneuil, la clarividencia contiene niveles diferentes, según la especialidad de la que da prueba aquel que tiene el don:

- clarividencia de hechos presentes y pasados;
- clarividencia que permite captar hechos desconocidos al momento de la visión;
- clarividencia que permite prever hechos que van a desarrollarse en el futuro.

La clarividencia permite apoyarse en objetos o espíritus. La psicometría, la radiestesia y otros fenómenos similares pueden considerarse como una especie de clarividencia especial.

La tradición y la experiencia demuestran que la clarividencia se hereda. A veces, esta facultad aparece en las líneas de la mano.

Para aquellos que poseen esta facultad, se trata de una sensación difícil de explicar, pero que se impone a ellos de manera fulminante y evidente.

Hay una variante de este fenómeno, que los médium pueden suscitar. Es una manifestación sonora o fonética, que puede ir del simple ruido a las palabras articuladas y cuchicheos al oído del médium.

COMUNICADOR

Término utilizado para designar un espíritu que se encarna en el médium.

COMUNICACIÓN ESPIRITISTA

Es un acto de manifestación inteligente por parte de los espíritus ante los humanos. Hay cuatro grupos principales...

Las *comunicaciones instintivas* tienen por objeto ofrecer o pedir informaciones o una enseñanza a los espíritus.

Las *comunicaciones serias* se ocupan de temas trascendentes o importantes para una u otra de las partes; casi siempre tienen un carácter personal.

Las *comunicaciones frívolas* contienen hechos menores o sin importancia, como las que tenían lugar en los salones a principios del siglo XX, muy especialmente en Europa.

Las *comunicaciones groseras* contienen informaciones destinadas a chocar o escandalizar a las personas presentes.

CONCENTRACIÓN

Ejercicio del espíritu gracias al cual se fija su atención sobre un punto preciso.

No es un ejercicio simple, pero es una excelente preparación para reducir la actividad normal del espíritu y obtener realizaciones psíquicas.

Conjurar

Decir las fórmulas invocatorias que utilizan los médium para hacer venir a los espíritus, malignos o benévolos. En la magia negra, estas fórmulas se utilizan para captar las fuerzas desencadenantes del mal.

Estas fórmulas se inscriben en la tradición ancestral de la comunicación entre los hombres y los espíritus desencarnados. Se pueden ver pinturas rupestres que son indicios evidentes del empleo de fórmulas utilizadas en las sesiones de espiritismo. En esa época, no había lenguaje y los hombres representaban flechas o huellas de las manos aplicadas sobre los animales que se quería ayudar a cazar. También en las tablillas antiguas de las civilizaciones de Babilonia, Ur, Hattusas y entre los egipcios se encuentran muchas fórmulas invocatorias. En el momento actual, estas prácticas son moneda corriente y pueden aportar una gran ayuda. Entre las más corrientes, encontramos las muñecas de cera, que se pueden acariciar o herir con agujas. Se identifican con la persona que se desea herir.

Control

Palabra surgida del espiritismo de origen inglés: expresa el dominio que ejerce un espíritu sobre el médium que le ha convocado. Este espíritu, que se llama «controlador», representa casi siempre a otras entidades espirituales.

Cook, Florence

Célebre médium que en 1871 declaró que había conseguido la materialización de un espíritu.

El 22 de abril de 1872, consiguió convocar el espíritu de Anne Morgan, que había muerto dos siglos antes, bajo el reinado de Carlos II de Inglaterra (1660-1685). De enero a mayo de 1874, repitió estas apariciones ante el químico William Crookes.

Cordón de plata

Denominación dedicada a la unión sutil que debe existir entre el cuerpo y su espíritu.

Correspondencias entrecruzadas

Las comparten dos o varios médium que pueden encontrarse muy lejos uno del otro (en el tiempo o en la distancia) pero que tratan del mismo aspecto de las cosas. Hay que destacar, no obstante, que a menudo se trata de manifestaciones telepáticas o de clarividencia.

Cuerpo

Los ocultistas reconocen, además del cuerpo físico, cuatro variantes del término cuerpo, que entonces toma sentidos diferentes...

El *cuerpo etéreo*, inmaterial, que participa en la vida normal del cuerpo físico, puede también abandonarlo y reencarnarse en consecuencia de modo totalmente arbitrario. Es la capacidad de exteriorización.

El *cuerpo causal*, o inmaterial, tiene como objetivo unir las partes contingentes, debidas al azar de cada ser humano.

El *cuerpo glorioso*, o cuerpo místico, es producto de las personas que se encuentran en éxtasis. Este cuerpo podría atravesar las paredes.

El *cuerpo astral* forma parte del cuerpo material y físico. Según Stanislas de la Guaora, el cuerpo astral es el intermediario entre el cuerpo material y el espíritu.

DACTILOMANCIA

Sistema de adivinación gracias a anillos especiales. Se suspende un anillo en el extremo de un cordón y se mantiene encima de una hoja que contiene todas las letras del alfabeto. El anillo designará las letras necesarias que formarán así un mensaje o una predicción.

DÁGIDE

Muñeca, en general de cera o de arcilla, que los brujos o magos utilizan para tirar suertes.

DECÁLOGO DEL ESPIRITISMO

El espiritismo considera que las almas deben recorrer un largo trayecto que las llevará hacia la perfección: por eso ha establecido un código moral que contiene diez leyes o preceptos que el hombre deberá seguir para llegar a alcanzar el camino hacia la perfección. Así secundará el gran proyecto divino de la creación.

Adoración. Es decir, amor de Dios por encima de todo. Este precepto se practica por la oración y la bondad.

Trabajo. Es una ley universal en el mundo de la materia. Es indispensable para conseguir pruebas y avanzar por el camino del progreso.

Reproducción. La reproducción es un principio sagrado en el mundo de los vivos, puesto que da a los espíritus un envoltorio material. En general, el espiritismo se pronuncia contra el celibato, excepto en los casos que pueden ser saludables para el ser humano.

Conservación. El hombre debe respetar la vida de su prójimo como la suya; el asesino y el hombre que se suicida cometen uno de los pecados más graves contra el orden universal.

Destrucción. El principio de destrucción es una ley de la naturaleza, pero no del mundo de los espíritus.

Sociedad. El hombre sólo puede vivir en sociedad y debe servir a sus semejantes. Es así como puede progresar.

Progreso. El universo avanza para llevar a cabo el proyecto divino, pese a todos los obstáculos que puede encontrar. El progreso humano es, pues, inevitable.

Igualdad. Entre los hombres, como entre los espíritus, la igualdad original es absoluta. Las desigualdades que vemos en este mundo inferior sólo son fruto de la ignorancia y del error.

Libertad. El ser humano es esclavo de su cuerpo. Pero el alma inmortal se creó para ser totalmente libre. El espiritismo debe servir para liberar al hombre y debe contribuir a eliminar la opresión.

Justicia y amor. Esta ley es un reflejo del precepto del Evangelio: «Amarás a tu prójimo como a ti mismo».

La influencia de la moral cristiana tradicional aquí es innegable, pero algunos principios básicos de los dos pensamientos están en contradicción. Por ejemplo, el misticismo, el celibato, que exigen las órdenes religiosas, pueden oponerse al progreso universal. Para los adeptos del espiritismo, el pecado y la ignorancia no se pagan con un castigo; el bien no se sigue necesariamente de una recompensa. Dios no castiga a los hombres y tampoco les recompensa. El bien nos lleva a Él naturalmente y el mal nos aleja.

DEÍSTA
Es la persona que admite la existencia de una divinidad, pero que no practica ningún culto.

DEMIURGO
Síntesis del alma universal. Los agnósticos afirman que se trata del principio activo del universo. Es el intermediario entre el infinito y el mundo acabado.

DEMONIO
En la Antigüedad, era un espíritu maligno o benéfico que actuaba como intermediario entre los dioses y los seres humanos. También se le llama genio. Platón creía que era el alma de un muerto, lo que permitió al bizantino Psellos (1018-1078), uno de los primeros demonólogos, establecer una clasificación: demonios del fuego, del aire, de las tempestades, de la tierra, de las aguas, de las entrañas de la tierra y de la noche. Los demonios de la tierra son aquellos que intentan seducir a los seres humanos; los demonios del agua desencadenan los naufragios y los de las entrañas de la tierra, los terremotos. Los cabalistas dividieron a los demonios en cuatro grupos: las salamandras, o demonios del fuego, los demonios de los aires, las ninfas u ondinas, que son los demonios de las aguas, y los gnomos, que son los demonios de la tierra.

El cristianismo define a los demonios como ángeles malignos. En la época de Platón, el término griego *daimon* significaba consciencia: era la voz interior de cada ser humano, que decía a cada uno lo que no debía hacer.

DEMONOLOGÍA
Ciencia que estudia las entidades, las características y las fuerzas demoníacas, así como todos los hechos relativos al demonio.

DEMONOMANCIA

Término que viene del griego *daimon*, demonio, y *manteia*, adivinación, y que indica que se puede conocer el futuro gracias a los espíritus demoníacos.

DEMONOMANÍA

Variedad de paranoia que hace que uno se crea poseído por el demonio. Estas personas tienen poderes sobrenaturales que atribuyen a la entidad infernal que se encuentra en ellas.

DERMOGRAFÍA

Aparición espontánea de dibujos o de signos sobre la piel, que duran poco tiempo. Es un fenómeno que se parece a los estigmas.

DESDOBLAMIENTO

Manifestaciones de facultades psíquicas o espirituales que permiten al espíritu actuar independientemente del cuerpo.

DESENCARNACIÓN

El espíritu es desposeído del cuerpo. Persona que está muerta físicamente, pero que posee todavía los sentimientos, las costumbres y la personalidad que tenía en vida.

DESTINO

Encadenamiento de hechos que no se producen nunca de manera fortuita y que tienen siempre un objetivo, incluso desconocido. En la Antigüedad, el destino se representaba bajo los rasgos de las tres Parcas. Sus nombres eran Cloto, Átropos y Láquesis e hilaban y cortaban el hilo de la vida humana. Los griegos las llamaban Moiras y los romanos Parcas. *Tijé* representaba el destino imprevisible.

DESMATERIALIZACIÓN

Desintegración material de un cuerpo y acto de liberación de un espíritu.

DIABLO

Palabra que viene del griego *diabolos*, que quiere decir delator, acusador, calumniador. Hace referencia a un espíritu real, que existe y que es un ángel rebelde o un polo negativo, pero indispensable a la creación. Es el principio caótico del cual surgen todos los demonios. Los magos siempre han dicho que esta fuerza es suficientemente importante como para luchar contra Dios en persona, pero no puede vencerle. Su función es ser una forma antagónica. El diablo conoce los pensamientos más secretos, los sentimientos más íntimos: inspira pasiones destructoras y busca hacer el mal a cualquier precio.

DIAPSIQUIR

Facultad que posee una mente de asociarse a otras mentes.

DIOS

Potencia o inteligencia suprema, causa de todas las cosas. Está en el origen de los espíritus, de los vivos. Es el Ser eterno, único, omnipotente. Es justo, bueno e infinito.

DOBLE

Entidad personal que también se llama doble astral o cuerpo etéreo. Es como la versión intangible de la realidad humana, de su materialidad. Ambos están vinculados hasta la muerte, pero el doble astral sobrevive y se libera de todos sus vínculos materiales.

DRAGÓN

Bestia surgida de la mitología; alada, posee un cuerpo de reptil y cuatro patas. Es el símbolo del signo de Escorpión, que rige el Lejano Oriente y el pueblo de Israel. También es la figura simbólica de los alquimistas y de los magos, presente en las leyendas antiguas.

EMANACIONES

Radiaciones de energía bioplásmica o de toda forma de energía que está en contacto con el magnetismo biológico. El ectoplasma es una emanación que procede del cuerpo humano y que se relaciona estrechamente con la realidad del espíritu.

EMANCIPACIÓN ESPIRITUAL

Condición gracias a la cual el espíritu, incluso encarnado, asume algunas facultades del espíritu libre: puede así entrar en contacto con entidades etéreas que proceden de lo que se llama la cuarta dimensión o dimensión intangible. Este estado se obtiene en el sueño, la doble vista, el sonambulismo na-tural o magnético y el éxtasis. La mayoría de estos recursos son de orden mágico.

ENCARNACIÓN

Para un espíritu es el hecho de recibir un cuerpo desde el nacimiento. La posesión es legítima cuando el espíritu entra en el cuerpo de un médium.

ENCARNADO

Se llama así al espíritu que ha tomado posesión del cuerpo vivo que le corresponde por derecho.

EÓN

Palabra relacionada con la emanación de la inteligencia perpetua, para que las almas logren la perfección.

Se considera la encarnación de un genio creador que viene de la divinidad. En un sentido más general, esta palabra representa la edad del universo o la eternidad.

ERRANCIA

Condición de los espíritus errantes, es decir, no encarnados pero que por una razón u otra se encuentran en nuestra dimensión material, en el intervalo de sus diferentes existencias corporales.

La errancia no afecta en absoluto a la dignidad de los espíritus, ya que no son sensibles: hay espíritus de todo tipo que no deben reencarnarse, pero que poseen la facultad de ir y venir de una dimensión a otra. Los espíritus errantes pueden ser felices o desgraciados. Los espíritus puros no están sometidos a esta errancia.

ESCALA DEL ESPIRITISMO

Pirámide jerárquica que incluye los diferentes niveles en que se sitúan los espíritus y que tiene una relación con los grados para alcanzar la perfección. Contiene tres niveles principales: espíritus imperfectos, buenos y puros. Se divide en nueve categorías que expresan la progresión de los valores morales y de las ideas. Estas categorías no son puntos de referencia definidos, pero todos los espíritus deben recorrerlas sucesivamente.

ESCRITURA AUTOMÁTICA

Producida por un médium en trance o en estado de consciencia reducida. Esta escritura puede producirse en un idioma extranjero, con estilos diferentes y sin intervención de la voluntad.

ESCRITURA DIRECTA

Se produce sin que haya contacto real con el médium.

ESFERA

Sinónimo de grado en la escala del espiritismo. Se basa en la realidad zodiacal. Se dice que uno ha conseguido la quinta o la séptima esfera, como otros dicen haber conseguido el séptimo cielo. La tierra es un sistema concéntrico de esferas que representan los diferentes niveles de la perfección. Se habla también de esfera de fuego, esfera de las estrellas, etc., y de la esfera de las influencias astrales.

ESOTÉRICO

Del griego *esoterikós*, que quiere decir interior. Es lo que está oculto, inaccesible y que sólo se puede conocer gracias a la iniciación.

ESPECTRO

Aparición de una persona difunta. Es también un ser que no tiene cuerpo.

ESPIRITISMO

Doctrina que consiste en poner en contacto las almas de los difuntos con los seres vivos, lo que sucede espontáneamente o con la ayuda de un médium. Se atribuye a Swedenborg, que sería el padre del espiritismo; pero, tras su muerte, en 1772, estas enseñanzas fueron rápidamente olvidadas.

El contacto entre los vivos y los muertos se conoce desde la Antigüedad. En el Antiguo Testamento se habla de la invocación del espíritu de Samuel por parte de la bruja de Endor a petición del rey Saúl (Samuel 1,28). Los antiguos egipcios solicitaban al espíritu de los muertos, según consta en el papiro del Louvre. Tertuliano habla en una de sus obras de mesas que se movían solas; San Agustín envió a un sacerdote a una casa de un distrito de Hipona donde, según muchos testigos, se oían ruidos espantosos provocados por los espíritus.

ESPIRITUALISMO

Doctrina que se opone al materialismo. Aquel que cree en la existencia de un espíritu totalmente inmaterial, que guarda una identidad después de la muerte es espiritualista. Pero no significa que admita la existencia de los espíritus. Se puede ser espiritualista sin ser un partidario del espiritismo.

ESPÍRITU ELEMENTAL

Espíritu que posee un carácter primitivo, un nivel más bien bajo. Es una entidad considerada en sí misma, que posee una esencia inmortal, excepto en lo que respecta a su periespíritu o envoltorio semimaterial.

ESPÍRITU FAMILIAR

Espíritu que se une a una familia, para protegerla si es un buen espíritu o para hacerle daño si es un espíritu malo. El espíritu familiar no debe necesariamente ser llamado o invocado: siempre está presente y responde en seguida a la llamada que se le hace. En general, manifiesta su presencia por signos bien visibles.

ESPÍRITUS

Seres que viven en la dimensión inmaterial, tenga o no relación con la dimensión material. Los espíritus son ángeles o demonios. El término se aplica sobre todo a las almas de los difuntos, incluso si no se manifiestan a los vivos. En la doctrina del espiritismo, se les distribuye en tres condiciones o categorías: espíritus imperfectos, buenos y puros.

ESPÍRITUS DE LA NATURALEZA

Entidades que se consideran criaturas fantásticas, pero que habitan en otra dimensión, como los espíritus. No tienen rasgos humanos y los espíritus a los que les gusta comunicarse raramente los mencionan; se trata de ninfas, de elfos, de salamandras y de muchos otros cuya existencia se cita en las diversas leyendas y mitologías antiguas.

ESPÍRITUS GOLPEADORES

Son aquellos que manifiestan su presencia mediante golpes. En general, pertenecen a la categoría de los espíritus inferiores.

ESPÍRITUS (INVOCACIÓN DE)

Práctica muy antigua que consiste en hacer hablar a los espíritus para que respondan a las preguntas de los vivos. En las escrituras de los caldeos y de los babilonios, que datan de la primera mitad del tercer milenio, se encuentran invocaciones. Los ocultistas dividen a los espíritus de los difuntos en dos grupos que en el más allá se reagrupan según sus afinidades y que conservan la personalidad propia que han tenido en vida.

- Los imperfectos se dividen en: pecadores, indecisos, falsos eruditos, neutros, distraídos.
- Los buenos se dividen en: benévolos, comprensivos, sabios, superiores.

ESTRELLA
Decimoséptimo gran secreto o arcano del tarot. Representa a una persona que vacía dos cántaros de color rojo, uno en cada mano. Uno es más grande que el otro y representa el destino o inconsciente universal. Encima de esta figura se ven ocho estrellas.

ÉTER
Región que los antiguos consideraban situada justo encima de la atmósfera. Era la sustancia que llenaba todo el espacio extraterrestre. También es una sustancia que se difunde por todo el universo y que favorece la transmisión de la luz y del calor.

EXPIACIÓN
Penitencia que llevan a cabo los espíritus para expiar las faltas cometidas durante su temporada terrestre. Esta expiación tiene lugar en la errancia: las víctimas están condenadas a errar. Pero los sufrimientos y las vicisitudes que se padecen en la vida son medios de expiación y de purificación que deben permitirle subir peldaños en la jerarquía espiritual.

ÉXTASIS
Término que viene del griego *ekstasis*, desorden del espíritu. Estado del cuerpo en el que las facultades perceptivas y cognitivas están suspendidas durante algún tiempo. En ese momento, el alma sólo está unida al cuerpo por vínculos muy débiles, que desea romper o ignora para elevarse. Esta condición pertenece más al mundo de los espíritus, pues el regreso hacia la plena consciencia supone siempre la existencia de un peso y eso exige una cierta resignación.

EXTERIORIZACIÓN DE LA SENSIBILIDAD
Expresión que el coronel H. de Rochas integró en el lenguaje del espiritismo y que designa la secreción por determinadas personas de un fluido nervioso a través de la piel. Es uno de los indicios que mostraría la existencia de una capacidad que permite mover objetos sin tocarlos. Esta facultad también se llama telequinesia.

FANTASMAS
Visión de la energía de un espíritu, del aura que libera. Es una imagen fantástica que se aleja de la realidad, una especie de alucinación si se prefiere. Muchos especialistas lo llaman aparición o doble astral.

FATALIDAD

Término formado sobre la raíz latina *fatalitas*, destino, y *fatum*, «lo que está escrito». Esencia de la doctrina que sostiene que todos los acontecimientos de la vida están decretados desde el nacimiento: se someten a una ley a la cual nadie puede escapar. Hay dos tipos de fatalidad: una que se debe a causas externas que afectan a la persona directamente; otra que se alimenta de sí misma y que determina todos nuestros actos. La fatalidad considerada en un sentido amplio hace del hombre una máquina que realmente no tiene iniciativa y que está desprovisto de su libre arbitrio. El hombre queda así desprovisto de toda moral y de toda responsabilidad. Mucha gente rechaza esta teoría, que priva al hombre de toda referencia moral.

FE

Confianza ciega, absoluta, que se concentra sobre algo preciso. Los ocultistas le conceden un valor absoluto, porque puede cambiar las leyes naturales. Es un principio básico en el espiritismo. Sólo se puede invocar a los espíritus si se cree en ellos, no dejan de repetir los adeptos del espiritismo. Si no, no se manifiestan; se manifiestan según el color específico del aura, como las mariposas que son atraídas por las llamas.

HADA

Este término tiene los mismos orígenes que el término destino, *fatum*. Es un espíritu legendario capaz de realizar hechos extraordinarios, proezas, gracias a una varita mágica. Un día al año, el hada se transforma en animal y, durante veinticuatro horas, pierde el don que la hace inmortal. Después la recupera completamente. La leyenda nos presenta a las hadas como seres que poseen enormes poderes, buenos o malos. Los cabalistas las llaman elfos. Las hadas obedecen a una reina que las reúne una vez al año.

HAMADRÍADES

Término de origen griego formado por las palabras *hama*, conjunto, y *drus*, noble. La mitología describe a las dríades como ninfas inmortales que dan vida a los árboles y que viven con aquellos que les son específicos. La hamadríade no era inmortal: nace y muere en su árbol, que no podía dejar, mientras que el árbol podía seguir viviendo. Actualmente, se las considera como simples golpeadoras.

HERMES

Personaje de la mitología griega que conduce a las almas de los muertos a los Infiernos. Es el Mercurio romano. Como ya hemos dicho, es la divinidad clave cuando se trata de hablar del espíritu y de sus posibilidades inmortales. Es importante también para evocar las facultades de la inteligencia.

HIPERMNESIA

Desarrollo extraordinario de la memoria que no siempre tiene origen preciso.

De hecho, acumula cantidades enormes de conocimientos y produce efectos semejantes a la telepatía o a la clarividencia.

HIPNOSIS
El término fue utilizado por el doctor James Braid (1795-1861), autor de una obra sobre neurología. Estado natural del espíritu en el cual se sumerge el cuerpo para responder a las necesidades interiores y que se puede poner en paralelo con el estado de vigilia, que se destina a responder a las necesidades del cuerpo ante las llamadas exteriores. El término viene del griego *hypnos*, sueño. Es como una especie de sueño que se puede alcanzar con una preparación suficiente o que se puede provocar de manera artificial. En este caso, es necesaria la sugestión. En la hipnosis, se distinguen tres fases diferentes: la letargia, la catalepsia y el sonambulismo.

HIPNOSIS MASIVA
Hipótesis controvertida que explicaría las realizaciones extraordinarias de los faquires. Se utiliza también para explicar la reacción de las masas ante jefes carismáticos, o bien el trabajo de hipnosis que algunos realizan en el teatro.

HOLLENFURT
Denominación de origen germánico que los ocultistas utilizan para designar el viaje aéreo que realizan los brujos en la noche de Walpurgis.

IDEAS INNATAS
En el nacimiento, ya poseemos conocimientos e ideas. Ha habido muchos debates sobre este tema. La mayoría de los filósofos creen que todas las ideas son adquiridas. Pero no explican los reflejos que se encuentran desde la más tierna edad y que no se han podido adquirir con un aprendizaje. Los fenómenos que describe el espiritismo han aportado mucha luz en este terreno; ya no es posible dudar del hecho de que algunas ideas manifestadas por niños aparentemente precoces encuentran una explicación en la sucesión de las diferentes existencias. El conocimiento del que hace prueba un espíritu se manifiesta durante las existencias posteriores gracias a las ideas innatas.

ILUMINADO
Se dice de una persona que ha recibido una forma de inspiración divina, en la comunicación de un mensaje o en la realización de una misión. Es la condición de los santos y de los profetas. Con este término de «secta de iluminados» se ha querido desacreditar a todos aquellos que se dan a prácticas relacionadas con el espiritismo, o aquellos que reciben mensajes del más allá.

INFERNALES (POTENCIAS)
Término que viene del latín *inferna* derivado de *infernus*, inferior, situado en el nivel inferior. En la Antigüedad, se creía que el lugar donde se castiga a las

almas pecadoras se situaba bajo tierra. Se creía que todas las almas descendían a los Infiernos, pese a su estado moral. Sucedía así antes de la Redención.

Pero los Infiernos estaban divididos en dos partes: los Campos Elíseos, que eran la morada de los hombres honrados, y el Tártaro, donde los malvados estaban destinados a castigos y al fuego para pagar sus crímenes.

INFESTACIÓN O INFECCIÓN

Es la influencia negativa que ejercen los espíritus alrededor de una persona o en su entorno más distante. Sin embargo, aquí no se trata de posesión del cuerpo.

INTELIGENCIA

Facultad de concebir, de comprender, de razonar. Sería injusto rechazar que los animales posean toda forma de inteligencia, creer que sólo actúan por instinto, siguiendo un impulso maquinal y mecánico. La observación ha demostrado que los animales actúan a menudo según circunstancias bien precisas. Pero esta inteligencia, pese a sus capacidades y posibilidades, se limita a satisfacer las necesidades materiales; la del hombre, al contrario, le permite alzarse por encima de la condición de los seres vivos en general. La línea que separa los reinos animal y humano está trazada por el conocimiento que el hombre puede alcanzar en lo que respecta al Ser Supremo.

INVISIBLE

Cualidad que poseen algunos espíritus en sus manifestaciones. La invisibilidad es el estado habitual de los espíritus, pero estos pueden manifestarse a los hombres adoptando una forma visible total o parcial, como hemos visto al hablar de las sesiones de espiritismo.

KAO-TAI

Religión sincretista del sudeste asiático, fundada en 1919. Aconseja toda una serie de invocaciones rituales hacia los principios básicos del *yin* y del *yang* que tienen una relación con el mundo de los espíritus.

KARDEC, ALLAN

Su verdadero nombre es Hippolyte-Léon Dénizard Rivail (1804-1869). Es el maestro del espiritismo. En 1854 empezó a acudir a sesiones. El fenómeno recibía entonces el nombre de espiritualismo: Kardec lo sustituyó más adelante por el de espiritismo.

En 1857, escribió el *Libro de los espíritus*, que se tradujo en todo el mundo. Este texto constituye todavía hoy uno de los pilares del espiritismo.

Allan Kardec vivió en un momento en que el dogmatismo científico y la religión se rechazaban. Hizo tres revelaciones capitales: «En la ley mosaica hay que distinguir dos partes: la ley de Dios, proclamada en el Sinaí, y la ley civil, dictada por Moisés. La ley del Antiguo Testamento está representada por Moisés; la del Nuevo Testamento, por Cristo. El espiritismo es la tercera revelación de Dios, aunque esta ley no está representada por una persona, como en las dos leyes anteriores. En efecto, es el producto de una enseñanza difundida no por los hombres, sino por los espíritus. Aquellos son la voz de Dios y del Cielo y también son intermediarios en la tierra».

En 1858, fundó la *Revista espiritista* y siguió publicando muchas obras: *¿Qué es el espiritismo?* (1859), *Libro de los médium* (1861), *El Evangelio según el espiritismo* (1864), *El Cielo y el Infierno* (1866), *El génesis, los milagros y las predicciones según el espiritismo* (1868).

KARMA
Según la tradición bramánica, es el conjunto de las obligaciones inevitables que caen sobre los seres que son obligados a hacer penitencia durante algún tiempo. Esto se manifiesta por las encarnaciones sucesivas (*samsara*), para que estos espíritus puedan alcanzar una liberación final (*nirvana*).

KIRLIAN (FOTOGRAFÍA)
Sistema fotográfico muy sensible que permite registrar y fotografiar los contornos de un halo que rodea a los seres vivos. Pero este halo tiene características humanas y posee propiedades que favorecen el trabajo de los sentidos en su conjunto.

LIBRE ARBITRIO
Libertad moral del hombre. Facultad que posee para orientarse según su propio razonamiento y ejercer su libertad y su voluntad.

Los espíritus nos muestran que la única cosa que puede alcanzar al libre arbitrio y suprimirlo es una alteración de las facultades morales, en general de manera accidental. El espíritu goza también de esta facultad en el camino que le lleva hacia la perfección.

LOCUCIONES AUTOMÁTICAS
Se designa así a una producción incesante de palabras, de frases incoherentes. La persona ya no posee realmente su lucidez, ya esté en trance o en estado de vigilia.

LUMINOSIDAD
Fenómeno que en el espiritismo se atribuye al halo exacerbado que emiten los médium.

MAGNETIZADOR
Es la persona que consigue producir una influencia sobre otra persona. También hay teóricos, pero se puede ser lo uno sin lo otro.

MAGNETISMO
Término que procede del griego *magnesia litho*, piedra, imán. Fue descubierto por los griegos en Magnesia, al sur de Tesalia, de donde procede la denominación del fenómeno. Hay que hacer una distinción entre los diversos magnetismos. Pri-

mero hay el magnetismo de carácter biológico que produce una influencia magnética ejercida por una persona sobre otra gracias a las emanaciones de fluido o a una imposición de las manos. Hay otra forma de magnetismo que es aquel que produce una persona durante su sueño y que puede tener una influencia sobre otras personas.

La primera obra sobre la cuestión se editó en 1836 y su autor era el médico belga J. B. Van Helmont: *De magnetica vulnerum cumtione* [Curación de las heridas gracias al magnetismo]. Fue encarcelado en Mecheln, acusado de superchería. Este tema reapareció con fuerza gracias al médico austriaco Franz Mesmer (1733-1815), cuyo método, llamado mesmerismo, no tardó en degenerar en charlatanismo. Mezcla manifestaciones hipnóticas y sugestión colectiva; sin embargo, hay muchos adeptos del mesmerismo y muchos magnetizadores trabajan en colaboración con los médicos. En algunos casos se obtienen efectos sorprendentes sobre el enfermo.

MANES

La creencia en los Manes, de origen etrusco, fue recuperada por los romanos. Según esta creencia, los Manes eran las almas o las sombras de los muertos. Los antiguos les tenían mucho respeto y les ofrecían sacrificios.

Contamos con algunos testimonios que los describen como sombras transparentes, translúcidas, errando por las moradas donde vivieron o cerca de los seres queridos que amaron.

MANIFESTACIÓN

En el espiritismo, se llama así al acto por el cual el espíritu revela su presencia. Las manifestaciones pueden producirse de siete maneras diferentes.

- Cuando son el resultado de una invocación (o de una evocación), son provocadas.
- Cuando tienen lugar independientemente de la voluntad de los vivos, es decir, sin que ningún espíritu sea llamado, son espontáneas.
- Cuando el espíritu aparece directamente, son evidentes.
- Cuando no se pueden comprender directamente gracias a los sentidos, sino gracias a los efectos que producen, son ocultas.
- Cuando se traducen en fenómenos materiales (ruidos, desplazamientos de objetos, cambios del orden establecido), son físicas.
- Cuando ponen en evidencia un objetivo, un proyecto definido y coherente, son inteligentes.
- Si a la llamada de un espíritu se presenta otro, son manifestaciones desviadas.

MARTINESISMO

Doctrina surgida del espiritismo y basada en las prédicas y los sermones que en 1754 hizo Martines de Pascual sobre la reencarnación de los seres vivos y sobre la evocación de los espíritus. Los adeptos de esta doctrina se dividen en tres niveles y forman el orden de los Llamados de Cohen. El grupo más importante de los tres está en el origen de la logia masónica el Gran Este.

MARTINISTAS
Adeptos y alumnos de Louis Claude de Saint-Martin (1743-1803), apodado «el filósofo desconocido» cuya doctrina coincide en lo esencial con los principios de Emmanuel Swedenborg. Se llama así a los miembros de la Sociedad Martinista, fundada por el ocultista español Papus, cuyo verdadero nombre era G. Encausse (1865-1916).

MATERIALIZACIÓN
Término que sirve para designar a las representaciones de objetos o de algunas partes del cuerpo que se pueden ver e incluso tocar gracias a los espíritus.

MÉDIUM
Persona que posee facultades sobrenaturales para servir de intermediario entre los seres humanos muertos y los seres vivos. Hay diversas clasificaciones de los médium; la más importante es la que estableció el primer pilar del espiritismo, es decir, Allan Kardec.

El médium puede producir efectos y fenómenos diversos y puede tener especialidades diferentes, como la telepatía, la videncia, etc. No se puede decir si esas informaciones proceden del mismo médium o de una entidad espiritual.

MENTAL (UNIVERSO)
Es lo que también se llama el mar de sabiduría universal, que sirve de depósito en el que todos los espíritus vienen a tomar su inteligencia, sus conocimientos.

Recordemos que el espíritu humano sólo es un instrumento del alma universal, un instrumento que permite captar ideas y conocimientos.

MESMER, FRANZ ANTON
Nació en Alemania (1733-1815) y estudió medicina en Viena con los más grandes médicos de la época. Presentó una tesis de doctorado sobre la influencia de las estrellas en el cuerpo humano, publicada en 1766. Después dio a conocer sus investigaciones sobre la piedra magnética: este fue el punto de partida de la escuela del magnetismo animal y del método de curación surgido de esta formación. En París abrió una clínica de magnetismo en la plaza Vendôme, con el padrinazgo de María Antonieta y Luis XVI. Sus curas magnéticas causaron un asombro enorme desde el principio. Su gabinete se llenó de personalidades como Lafayette y el marqués de Puysegur. Su tratamiento se basaba en la hipnosis y la sugestión colectiva: construyó un aparato cuyos principales elementos eran los efectos de luz, la música y los perfumes. Esto le hizo célebre y le valió el anatema de la facultad de medicina de la Sorbona que, en 1784, nombró una comisión que condenó públicamente sus tentativas. Pero lo que le impidió avanzar fue la Revolución francesa, que le obligó a abandonar sus actividades y a emigrar a Spa, en Bél-

gica. Después se instaló en Berlín y finalmente en Merseburg (Suiza) donde murió. Uno de sus discípulos fue Giuseppe Balsamo, que se dio a conocer con el pseudónimo de Cagliostro.

METAGNOMIA

Asimilación de los conocimientos mediante facultades que no tienen nada que ver con los sentidos o la consciencia. El término fue utilizado por el parapsicólogo E. Boirac, para distinguir las manifestaciones de clarividencia y las de telepatía.

Muchos investigadores afirman que la metagnomia es una de las pruebas que confirman el espiritismo. Se ha propuesto la clasificación siguiente, según las diferentes categorías de metagnomia: telepática, perceptiva, profética y onírica.

METAPSIQUISMO

Sinónimo de parapsicología. Este término fue utilizado con el objetivo de clasificar los fenómenos paranormales y sus manifestaciones. El célebre investigador francés C. Richet (1850-1935) imaginó y creó este concepto. Pero a menudo se sustituye con el término parapsicología, utilizado por primera vez por M. Dessoir en 1889. En resumen, es el conjunto de fenómenos o manifestaciones para las cuales todavía no tenemos ninguna explicación científica: telepatía, telequinesia, ectoplasma, fluido, fenómenos producidos por los médium.

METEMPSICOSIS

Término que viene del griego *metempsichoo*, hacer pasar un alma a otro cuerpo. Se trata de la transmigración de las almas: según esta doctrina, el espíritu de los muertos vuelve varias veces a la Tierra después de la muerte, según los méritos del muerto o según el azar. De esta forma Pitágoras, que creía profundamente en la metempsicosis, reconoció en el perro que ladraba a su lado a uno de sus amigos. Estaba convencido de que él mismo era la reencarnación de Homero.

MOSES, STANTON

Médium que conoció la gloria con el nombre de M. A. Oxon. En 1872 realizó muchos prodigios de origen sobrenatural.

MITOLOGÍA

Sistema ocultista de transmisión del conocimiento transcendental. Aparentemente, sólo se trata de la historia de las divinidades paganas. Se reagrupa bajo este término la historia de todos los seres sobrehumanos, como los héroes que proceden de los dioses. Las mitologías más conocidas son la griega, escandinava, germánica, celta, escocesa, irlandesa, egipcia, azteca y maya.

PARESTESIA

Cualidad de los médium gracias a la cual perciben realidades que no tienen nada que ver con los sentidos. Llegan a captar las vibraciones de un traje y a extraer conclusiones sobre su propietario.

Pensamiento (formas de)
La teosofía permite captar y distinguir las diferentes formas de pensamiento como colores y formas. Se trata, de hecho, de formas de vibraciones que se pueden captar.

Percepción extrasensorial
Término utilizado por el psicólogo inglés Rhine para incluir todas las experiencias parapsicológicas, es decir, la percepción en la que los sentidos no intervienen. La abreviatura ESP viene del inglés *Extra Sensory Perception* e incluye muchos fenómenos, como la clarividencia y la telepatía.

Peris
Genios benéficos de la mitología arabopersa.

Periespíritu
Envoltorio semimaterial del espíritu que es la fuente de la emanación luminosa producida por la energía de carácter biomagnético.

Poltergeist
Término que procede del alemán y que hace referencia a las entidades espirituales y a los fenómenos que provocan para manifestar su presencia: ruidos, caída de objetos, destrucción sistemática. Los *poltergeists* han llegado a provocar incendios muy graves y otros fenómenos peligrosos para el hombre. Estos sucesos son espontáneos y a menudo se producen en presencia de un adolescente, pues su carga de energía es enorme e incontrolada. El espíritu los aprovecha a menudo para manifestarse. La presencia de otras personas puede muy bien frenar estas manifestaciones o, por el contrario, agravarlas, depende de la fuerza psíquica de la persona presente.

Pontano, Giovanni
Escritor y poeta italiano (1428-1503), autor de *Cerca del destino*, bella obra que demuestra que la astrología se puede considerar como una ciencia. Contó con el apoyo de los cardenales Pietro Bembo y Giacomo Sannazzaro a quienes dedicó muchas de sus obras. Explica que el cardenal Sannazzaro tuvo una visión una mañana. Estaba todavía medio dormido cuando apareció ante él el difunto Ferrando Januario, con el que había mantenido largas conversaciones sobre la inmortalidad del alma. Sannazzaro preguntó a este espíritu si los tormentos del infierno eran auténticos, pero la aparición le dijo: «Lo único que te puedo decir es que aquellos que han dejado la vida material, como yo, de-sean realmente volver». Después saludó al cardenal y desapareció, dejándole sumido en una perplejidad extrema. Se hizo nuevas preguntas: ¿su amigo había aludido a la reencarnación?

POSESIÓN

Dependencia del cuerpo y del espíritu de una persona al control de un espíritu desencarnado. El medio de determinar si hay posesión es observar si la persona posee conocimientos que no habría podido adquirir.

PRANA

Significa el aliento. Es el halo cósmico, la forma sutil de energía que impregna todo el universo y muy especialmente al ser humano. Se transmite de un individuo a otro. Es un poder que hace posible todas las manifestaciones del ser humano en el ámbito del espiritismo.

PRINCIPIO INTELECTUAL

Término que sirve para distinguir el principio general de inteligencia, común a los hombres y a los animales y el alma intelectual que permite producir las ideas creadoras.

PRINCIPIO VITAL

Principio general de la vida material, común a todos los seres orgánicos: hombres, animales y plantas. Es el principio vital que impulsa a cada uno de los seres que están presentes sobre la tierra.

PROFETA

Médium que se dedica a la recepción y a la transmisión de mensajes divinos en relación con un pueblo determinado o un conjunto de pueblos.

PSIQUISMO

Conjunto de todas las fuerzas del ser humano que no tienen carácter consciente ni material. Los ocultistas consideran que se trata de una forma de vida especial. Se manifiesta irradiando energía a su alrededor.

PSICOLOGÍA

En el espiritismo, es el estudio de la personalidad de un espíritu. Puede aplicarse también al alma: se trata entonces de estudiar el alma y sus rasgos de carácter.

PSICOFONÍA

Término formado sobre el griego *psyké*, alma, y *phonos*, sonido o voz. Transmisión audible del pensamiento de los espíritus sin el intermediario de la voz del médium y que se puede grabar.

RECALENTAMIENTO DE LA MESA

Es la práctica que se efectúa durante una sesión de espiritismo para preparar la mesa que debe recibir las manifestaciones sobrenaturales.

SABBAT

Reunión nocturna de los brujos. Según la tradición, se producía la presencia del diablo con los rasgos de un macho cabrío.

También se cree que se trataba de una forma de materialización de los espíritus de los muertos, que se pueden ver pero no tocar. En general, son personas que han muerto asesinadas. Se considera que esta aparición anuncia una desaparición próxima, pero Alberto Magno creyó que sosteniendo en una ma-no ramas de ortigas se puede hacer desaparecer a estas apariciones.

TAUMATURGO

Del griego *thauma*, *thaumatos*, maravilla, y *ergon*, obra. Es el hombre o la mujer capaz de hacer milagros. Este término designa también a los curanderos.

TELEGRAFÍA HUMANA

Término impreciso, que pertenece a un registro familiar: designa la comunicación que se efectúa a distancia entre dos personas vivas que se invocan al mismo tiempo. El resultado de esta comunicación es provocar una emancipación de uno de los dos espíritus que entra en contacto entonces al dormir, en los sueños o de cualquier otra manera. Algunos espíritus creen que la telegrafía será el medio de comunicarse cuando los hombres serán más liberales, menos egoístas y menos interesados por las cosas materiales. Pero, mientras tanto, es un privilegio reservado a algunos.

TIPTOLOGÍA

Código de comunicación que se efectúa con golpes y desplazamientos de objetos. Forma parte de una disciplina más amplia; es la forma de comunicación más elemental, que un espíritu utiliza cuando no puede hacerlo de otro modo.

Muchos adeptos del espiritismo se comunican con los espíritus con un objeto cualquiera: un lápiz, una regla, una flor, etc. El espíritu viene cuando se ponen los dedos sobre este objeto, que entonces consigue desplazarse y responder sí o no a las preguntas. A menudo el objeto se desplaza hacia las personas presentes y responde a sus deseos no confesados. A veces, se eleva por los aires y permanece inmóvil sobre la mesa para expresar su cólera o su irritación.

Índice

www.ingramcontent.com/pod-product-compliance
Lightning Source LLC
Chambersburg PA
CBHW050658110426
42739CB00035B/3451